에픽테토스의

인생 수업

혼탁하고 불확실한 세상 속에서
선명하고 단단한 마음을 짓다

에픽테토스의

인생 수업

Epictetus

오기노 히로유키 지음 | 가오리 & 유카리 만화 | 황혜숙 옮김

samho MEDIA

에픽테토스는 고대 그리스·로마 시대 철학의 주요 학파인 스토아 학파를 대표하는 철학자입니다. 그가 살았던 시대는 1세기 후반부터 2세기 전반에 걸쳐 로마 네로 황제에서 하드리아누스 황제에 이르는 제정 초기로, 제국이 가장 큰 위력을 떨치면서 공전의 번영을 누리던 때였습니다.

원래 스토아학파의 출발점은 그보다 400년 전인 기원전 3세기 초반 그리스로 거슬러 올라갑니다. 창시자인 제논과 그의 제자들이 아테네의 중앙 광장에 있던 '스토아 포이킬레Stoa poikile, 벽화가 그려진 회랑'에서 강론을 펼친 데서 그 이름이 유래되었습니다. 자신들의 캠퍼스나 교실이 없는, 현대로 말하면 살롱 문화와 비슷한 느낌이지 않았을까 싶습니다.

스토아철학은 논리학, 자연학, 윤리학을 종합한 철학 체계를 중시하는 헬레니즘 철학의 주류였으나, 기원후 로마 시대에 접어들면서 실천적인 성격을 강하게 띠기 시작했습니다. 더 나은 삶의 지혜를 끊임없이 갈구하는 사람들에게 다양한 영감의 원천이 되어주는 고전적이면서도 새로운 사고방식이었습니다.

동시대의 스토아학파의 철학자라고 하면 키케로, 세네카, 마르쿠스 아우렐리우스와 같은 이름이 떠오르는데 이러한 계보의 핵심 인물론 에픽테토스라는 노예 출신의 철학자가 있습니다. 노예 부모로부터 태어난 그는 젊은 시절 험난한 노예의 삶을 살았으며, 노년에 해방되어 자유인이 된 후에는 철학 학교를 설립해 많은 사람과 소통하며 배움을 나누고 철학을 탐구하는 일에 여생을 헌신했습니다

에픽테토스의 생애와 저작에 관해서는 20~27쪽 해설을 참조.

해방 노예 출신의 철학자는 철학사에서도 보기 드뭅니다. 에픽테토스의 일생은 이른바 '학자'의 삶이었지만, 엘리트 특유의 삶과는 거리가 멀었습니다. 노예라는 억압된 신분, 만성적인 신체 장애, 국외 추방, 작은 사립 학교의 운영자로서 불안정한 경제적 여건 등 수많은 시련 속에서 스토아철학을 현실적인 삶의 방식으로 몸소 실천하고 발전해 나갔습니다.

소크라테스나 플라톤 혹은 마르쿠스 아우렐리우스와 같은 철학자에 비하면 에픽테토스는 낯설게 느껴질지 모릅니다. 그러나 그가 남긴 말은 고대부터 현대에 이르기까지 수많은 철학자와 종교 사상가, 지도자, 문인 등에게 지대한 영향을 미쳤습니다. 오늘날에도 정·재계의 저명인사를 비롯한 많은 사람이 에픽테토스의 말을 애독하고 인생의 지침으로 삼고 있습니다.

그만큼 그의 사상에는 시대를 초월하는 보편적인 매력과 울림이

있습니다. 인간 대다수가 지닌 공통의 고민과 불안의 심리를 변화
시킬 만한 기폭제가 숨어 있습니다. '지위나 부, 권력과는 거리가 먼
지극히 평범한 서민이 어떻게 진정한 자유를 획득하고 행복한 삶을
살 수 있을까? 그를 위해서는 어떤 지혜가 필요할까?' 예속과 자유
라는 주제는 현대인의 삶에도 여전히 묵직하게 주어진 과제입니다.

철학이라고 하면 근 · 현대 독일 철학처럼 추상적이고 난해한 용
어가 나열되어 좀처럼 다가가기 어렵고, 실상 우리 삶에 어떤 도움
이 되는지 잘 모르겠다는 의견도 있습니다. 하지만 에픽테토스가
말하는 방식은 그와는 무척 대조적입니다. 어린 학생들을 위해 쉽
고 명료하게 설명하는 선생님처럼 일상적인 용어와 소재를 들어 실
용적인 삶의 지혜로서 철학을 이야기합니다. 현실의 문제를 해결하
는 데 있어 상식과는 전혀 다른 관점, 욕망을 대하는 올바른 태도,
인간관계에 대한 본질적인 이해를 우리에게 제안합니다.

읽어보면 알게 되겠지만, 그가 남긴 수많은 명언은 한 번 읽는 것
으로 '그렇군!' 하고 납득할 수 있는, 상식의 연장선에 놓인 평범한
인생론이 아닙니다. 때로는 놀라움 혹은 거부감을 유발하고, 당황
스러운 역설을 늘어놓기도 합니다. 하지만 여러 차례 음미하다 보
면 '분명히 일리가 있군.' 하고 인정하지 않을 수 없습니다. 글만으

로 존재하는 이상이 아닌, 한 사람의 삶 자체로 생생히 던져지는 철학적 화두는 우리의 마음에 잔잔하면서도 분명한 파장을 불러일으킵니다.

이러한 에픽테토스의 가르침을 담은 이 책은 일상에서 맞닥뜨리는 여러 가지 곤란한 일이나 풀기 어려웠던 문제를 다시 돌아보게 만드는 계기가 될 것입니다. 공감, 동의, 반대, 의문 등 다양한 감상이 나올 수 있습니다. 철학자나 신학자뿐 아니라 정치가나 군인, 운동선수, 예술가, 기독교인과 불교인 그리고 무신론자까지 에픽테토스를 읽다 보면 저마다 강하게 와닿는 어떤 깨달음이 있다고 말합니다. 때로는 그것이 반발심인 경우도 있겠지요. 거기서 비롯되는 의문이나 통찰을 자기 안에서 소중히 기르기 바랍니다.

고대 로마 시대에 기록된 글이기에 현대인의 관점에서는 이상하고 이해하기 어려운 사회상도 나오지만, 약간의 해설을 참고하면 충분히 이해할 수 있습니다. 이 책은 에픽테토스를 보다 친숙하게 접하고 쉽게 이해함으로써 우리 인생을 좀 더 깊이 들여다보고, 인간으로서 잘 산다는 것은 무엇인가를 생각해보고자 쓴 책입니다.

'잘 산다'라는 뜻의 그리스어 'Eu zen 에우젠'은 '행복하게 산다'는 의미로도 바꿔 말할 수 있습니다. 에픽테토스를 비롯해 스토아학파가

숭상했던 위대한 철학자 소크라테스는 기원전 399년 사형 판결 직후, 은밀하게 탈옥을 말하는 친구 크리톤의 권유를 뿌리치고 담담히 죽음을 받아들였습니다. 그때 소크라테스는 "중요한 것은 그냥 사는 것이 아니라, 잘 사는 것이며 더욱이 이는 올바르고 훌륭하게 사는 것이다. 플라톤, 《크리톤》 48b"라는 말을 남겼습니다.

잘 산다는 것은 인생의 궁극적인 목적을 시사하는 말이기도 하며, 그 기본 좌표는 요즘 사회에서도 크게 다르지 않을 것입니다. 이 책이 독자 개인의 인생을 재조명하는 계기가 되고 현실에서 맞닥뜨리는 갈등과 고민을 지혜롭게 해결하는 단초가 될 수 있기를 바랍니다. 어쩌면 우리가 안고 있는 문제 대부분은 적극적으로 '해결'해야 하는 것이 아니라, 관점만 바꾸면 자연스럽게 '해소'되는 건지도 모르겠습니다.

일본 조치대학 철학과 교수 오기노 히로유키

Prologue

'내 인생은 끝났어.'
그렇게 생각했었다.
에픽테토스, 당신을 만나기 전까지는.

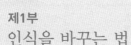

제1부
인식을 바꾸는 법

제2부
감정의 노예에서
벗어나는 법

노예에서 해방, 그리고 철학 학교의 교육자로

노예라는 신분적 특성 탓에 에픽테토스의 생애는 분명치 않은 점이 많습니다. 기원후 50~60년경 소아시아 프리기아_{현재의 터키 남서부} 지방의 도시 히에라폴리스에서 노예의 아들로 태어난 그는 '부수적으로 얻은'이라는 뜻의 '에픽테토스Epictetus'라고 이름 지어졌습니다.

에픽테토스는 유소년기 무렵부터 로마에서 에파프로디투스라는 주인을 섬겼습니다. 해방 노예 출신인 에파프로디투스는 폭군으로 유명한 네로 황제_{재위 54~68년}의 신하로서 권세를 휘두르다 마지막에는 황제의 자살을 방조한 인물로 전해지고 있습니다. 에픽테토스의《담화록》에는 권력자의 환심을 사려고 날뛰는 사람들의 생생한 묘사가 등장하는데, 이는 소년 시절부터 주인을 따라 궁정을 드나들었을 때의 선명한 기억에서 비롯되지 않았을까 추측됩니다.

노예 신분이던 시절 에픽테토스는 주인의 허락 아래, 당시 유명한 스토아철학자였던 무소니우스 루푸스_{30~101년경}의 강연을 들을 기회를 얻었습니다. 이것이 그가 스토아철학을 접한 최초의 순간이었지요. 그때부터 루푸스에게 철학을 배우기 시작했고, 이후 해방과 동시에 스승인 루푸스의 후원 아래 조교로서 철학을 가르치기도 했습니다.

그러나 95년 도미티아누스 황제 재위 81~96년가 황제의 폭정을 비판한 당시의 지식인들을 적대시하며 사상 통제를 위해 수도 로마에서 철학자 추방령을 발표한 것을 계기로, 에픽테토스는 로마를 떠납니다. 그리고 그리스 본토의 니코폴리스로 이주해 학교를 세우고 철학을 가르치기 시작했습니다.

니코폴리스는 악티움 해전 기원전 31년의 승리를 기념해 초대 황제

에픽테토스의 초상화

아우구스투스가 건설한 신흥 도시였습니다. 정치·경제 양면으로 서부 그리스에서 로마 지배의 중심지인 도시였으며, 지금도 유적에서 당시 번영의 흔적을 엿볼 수 있습니다. 에픽테토스가 이곳을 선택한 이유는 이탈리아반도와 그리스 본토를 잇는 항로의 편의성과 관습에 얽매이지 않는 신흥 항구도시 특유의 국제적인 분위기에 매료되었기 때문이 아닐까 합니다. 이후 에픽테토스는 아테네나 올림피아에 잠시 체류했던 시기를 제외하고는 내내 이곳에서 제자들

을 가르쳤습니다. 스토아학파의 철학자로 에픽테토스의 명성이 높아지면서 입학을 원하는 젊은이들뿐 아니라, 다양한 명사들이 그를 만나기 위해 니코폴리스를 찾았습니다. 정계의 주요 인물 중에는 여행 도중에 방문한 하드리아누스 황제오현제의 한 사람, 재위 117~138년도 포함되어 있습니다.

《담화록》을 보면, 에픽테토스는 자신을 '다리를 저는 늙은이'라고 일컬었다고 나옵니다제1권 16장 20절 등. 이에 대해 주인의 혹독한 처우로 생긴 장애라는 설도 있지만, 말년의 류머티즘이 주된 원인이었다는 견해가 더 설득력 있어 보입니다. 그는 오랫동안 독신으로 지내다 말년에 이르러 결혼했는데 그 자신이 원해서라기보다 지인에게 위탁받은 아이를 양육하기 위함이었다고 전해집니다. 그리고 135년경, 덧붙이자면 훗날 황제가 된 마르쿠스 아우렐리우스121~180년가 소년이었을 무렵 세상을 떠났습니다.

이처럼 에픽테토스의 생애는 노예로서 예속된 생활을 하고 해방 후 학업에 매진했던 전기와, 학교를 운영하며 철학을 가르친 후기로 나눌 수 있습니다. 사회의 가장 밑바닥에서 태어나 겪은 신분적 제약, 만성적인 신체 부자유, 국외 추방의 시련, 그리고 사립 학교 운영자로서의 불안정한 경제 여건, 독신 생활…… 이런 가혹한 환경 속에서 에픽테토스는 무력한 서민이 어떻게 하면 지위와 권력, 물질에 의존하지 않고 참된 자유를 얻을 수 있는가, 진정으로 행복한 삶을 누리기 위해서 어떤 지혜가 필요한가에 대해 깊이 고찰했습니다. 그리고 그 바탕에는 스토아철학이 있었습니다.

《담화록》과 《엥케이리디온》

에픽테토스는 학교를 세우고 철학을 가르쳤지만, 딱히 저서는 남기지 않았습니다. 어쩌면 일절 저작 활동을 하지 않았던 소크라테스 기원전 469~399년의 일생을 의식했는지도 모릅니다.

다행스럽게도 제자 중 가장 뛰어난 인물이자, 로마의 정치가로 활약한 바 있는 아리아노스 85~160년경, 《알렉산드로 대왕의 출정기》 저자가 이를 안타깝게 생각해 스승의 가르침을 말투까지 살려가며 충실히 정리하고 기록했습니다. 그것이 《담화록 Diatribai》이며, 전체 8권 중 4권이 현존합니다. 에픽테토스의 강연이나 사제 간의 대화를 기록한 언행록으로, 당시에 공식적으로 간행한 서적이 아니었음에도 널리 유포되어 문하생 이외에도 많은 사람이 읽었다고 합니다. 전체적으로 중복되거나 주제에서 벗어난 부분도 많아서 조금 잡다하고 지루한 면도 있지만, 에픽테토스의 학교와 수업 광경이 생생하게 담겨 있어 에픽테토스의 사상과 인품을 이해하는 데 매우 귀중한 사료로 인정받고 있습니다.

마르쿠스 아우렐리우스 황제^{재위 161~180년}도 스승인 루스티쿠스^{100~170년경}에게 여러 서적을 빌리면서 에픽테토스의 '비망록'을 자주 접했다고 회상하고 있습니다^{《명상록》 1.7.} 황제가 말년에 쓴 《명상록》 곳곳에 에픽테토스에 대한 언급은 물론, 에픽테토스의 저서에서 직간접적으로 인용하거나 발췌한 문구를 찾아볼 수 있는 것을 보아도 에픽테토스의 말과 사상이 황제에게 얼마나 깊은 영향을 미쳤는지 짐작할 수 있습니다. 해방 노예와 로마 황제라는 극히 대조적인 지점에 있었던 두 사람이 글을 통해 공감하고 암묵적인 사제관계를 맺었다는 것 역시 역사의 흥미로운 뒷이야기겠습니다.

나아가 아리아노스는 《담화록》의 주요 논지를 정리해 총 53장으로 구성한 《엥케이리디온Encheiridion》도 내놓았습니다. '손안에 들어오는 것'이라는 의미로, 에픽테토스의 사상을 간결하게 요약한 편람입니다. 원래는 편의성을 고려한 교육 목적으로 편찬되었을 이 책을 읽다 보면 기개 있는 사상과 의표를 찌르는 수많은 역설, 명쾌한 문체와 풍부한 예시, 그리고 용이성에 감탄할 수밖에 없습니다. 그 덕분에 《담화록》 이상으로 널리 애독되어 후대에 많은 영향을 미쳤

습니다. 에픽테토스의 저서라고 하면 《담화록》보다 이 《엥케이리디
온》을 우선해서 꼽는 경우가 많을 정도입니다.

근세 이후 스토아철학은 실천적인 금욕주의의 대명사로 여겨지
지만, 사실 스토아철학은 학설이나 이론보다도 삶의 방식으로 집약
됩니다. 이러한 이해를 위해서는 창시자인 제논기원전 335~263년이나
뒤이은 대표자인 크리시포스기원전 280~207년경 이상으로, 《엥케이리
디온》에 그려진 에픽테토스를 아는 것이 중요합니다. 동시에 스토
아학파에 대한 비판도 거의 《엥케이리디온》 속 표현에 관한 것이 많
습니다.

그리고 최근에는 《담화록》에 대한 연구가 진행됨으로써 종래의
《엥케이리디온》으로 만들어진 에픽테토스의 '준엄하고 고고한 도덕
가' 이미지가 크게 바뀌고 있습니다. 보다 유연한 인물로, 비유나 훈
계가 능통함은 물론이고, 중용을 지키며 인간미 넘치는 실천적인
교육자이며, 소크라테스나 키니코스학파소크라테스의 제자인 안티스테
네스를 시조로 하는 고대 그리스 철학의 한 학파. 자연과 일치된 삶을 추구함에 속
한 디오게네스기원전 400~325년경 등에게 사상적인 영향을 받은 철학
자로 이해하기 시작한 것이지요.

에픽테토스는 현대인에게 폭넓게 알려진 인물은 아니지만, 소크

라테스나 플라톤 같은 고대 철학자와 비견해도 후세에 끼친 영향이 적지 않으며, 실로 다양한 사람들에게 영향을 미치고 있습니다. 고대 그리스 철학자들을 시작으로 오리게네스185~253년 등 초기 기독교 신학자, 파스칼1623~1662년이나 니체1844~1900년와 같은 근대 사상가들, 행복론을 저술한 힐티1833~1909년와 알랭1868~1951년, 중국 선교를 펼친 예수회 선교사 마테오 리치1552~1610년, 시인 에머슨 1803~1882년, 자연을 예찬한 문학가 소로1817~1862년, 일본 불교학자 키요자와 만시1863~1903년 등 기독교, 불교, 무신론자까지 동서고금 직업과 종교를 막론한 에픽테토스의 애독자는 헤아릴 수 없이 많습니다.

덧붙이자면, 베트남 전쟁 당시 8년이라는 긴 시간 동안 포로 생활을 했던 제임스 스톡데일 미군 제독1923~2005년 또한 에픽테토스의 철학이야말로 참혹한 나날을 견딜 수 있게 해준 정신적인 지주였다고 회고한 바 있으며, 하버드의 경영학술지 HBR에서 리더가 읽어야 할 추천 도서로 선정한 톰 울프의 소설《A Man in full》1998년에서도 에픽테토스의 말을 소개하고 있습니다. 이렇듯 현대에도 세계 곳곳에서 에픽테토스의 사상이 삶의 처방전으로서 커다란 영향을 미치고 있습니다.

이 책에서는 《엥케이리디온》 중에서 인상적인 부분을 선별해 27가
지 에피소드로 나누어 실었습니다. 여기에 독특하고 위트 넘치는
만화와 필자의 해설을 곁들여 독자의 이해를 도왔습니다. 자, 이제
그럼 에픽테토스의 이상한 세계로 떠나볼까요.

만화 속 등장인물 소개

주인

섹스투스 클라우디우스
200여 명의 노예를 소유한 파트리키(고대 로마의 귀족 계급), 원로원 의원. 노예들의 불성실한 태도(거짓말이나 눈속임, 꾀병 등) 때문에 골치를 앓던 중, 다리는 불편하지만 성실하고 지혜롭다는 에픽테토스를 감시자로 쓰기 위해 노예시장에서 데려왔다.

주인이 소유한 노예 집단

에픽테토스
전 주인이 형편이 어려워지자 돈을 마련하기 위해 노예시장에 내놓은 것을 섹스투스가 데려왔다. 다른 노동을 하기에는 다리가 불편해 노예들을 관리하는 역할을 맡고 있다.

니우스
노예인 부모와 함께 지내다가, 성인이 되면서 섹스투스의 집으로 들어왔다. 설사 해방된다 해도 자신은 별다른 재능이 없어서 행복해질 수 없을 것이라는 자괴감에 빠져 있다.

제니무스
니우스와 같은 시기에 팔려왔다. 주인의 환심을 사서 다른 노예들보다 녹봉을 더 받아 주머니를 두둑이 채우고 있다. 해방되어 자유인이 될 날을 학수고대하고 있다.

제 1 부

인식을 바꾸는 법

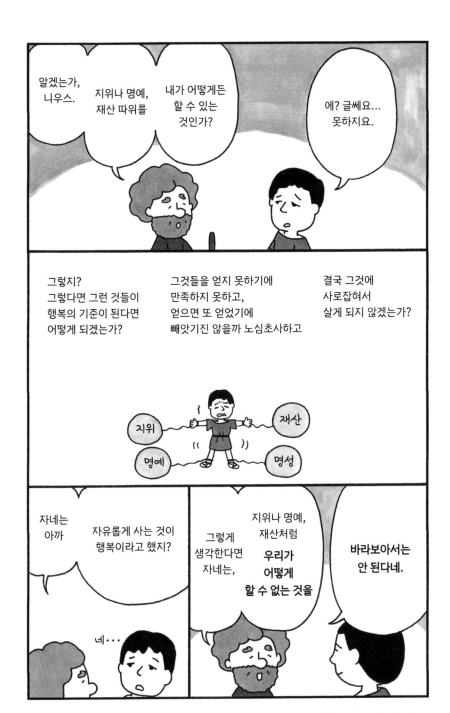

자유롭고 싶다면
'우리에게 달려 있지 않은 일'에
마음 두지 않아야 한다

유명한 사람, 권력 있는 사람 혹은 높은 평판을 지닌 사람을
바라볼 때 '저 사람은 행복하겠구나.'라고 믿으며 그러한
심상에 마음을 사로잡히지 않도록 주의하라. 왜냐하면 그
좋음의 실체가 '우리에게 달려 있는 것'에 속한다면 선망이
나 질투가 생겨날 여지가 없기 때문이다. 그대는 장군이나
의원, 총독이 되고 싶다고 바랄 것이 아니라 차라리 자유
인이기를 바라야 한다. 그리고 자유에 이르는 유일한 길은
'우리에게 달려 있지 않은 것'에 신경을 쏟지 않는 것이다.

《엥케이리디온》 제19장

※ '심상에 마음을 사로잡히다'는 에픽테토스가 자주 쓰던 표현으로
무의식중에 '사실의 인지' 그 이상의 잘못된 가치 판단으로 사고가
치우치는 것을 가리킨다.

원할수록
불행해지는 것

행복의 기준

'스토익 stoic'은 고대 스토아학파에서 유래한 말로, 자신의 욕망을 그대로 따르는 것이 아니라 의식적으로 금욕하는 태도, 즉 인내하는 태도를 이르는 말입니다. 스토아학파의 철학자들은 감정에 사로잡히지 않고 쾌락이나 고통에 동요하지 않는 초연한 마음 상태를 이상적인 경지로 추구했습니다. 현대 사회에서도 운동선수나 수험생처럼 목표를 위해 금욕적인 생활을 실천하는 사람이 많습니다.

그럼 우리는 왜 금욕해야 할까요? 욕망을 적절히 조절하는 것이 삶의 행복혹은 불행과 직결되기 때문입니다. 욕망에 관한 스토아학파의 기본 자세는, '우리에게 달려 있는 것'과 '우리에게 달려 있지 않은 것'의 경계를 명확히 하고, 우리 힘으로 통제할 수 있는 것우리에게 달려 있는 것만을 욕망의 대상으로 한정한다는 데 있습니다. 그것이 스토아학파가 말하는 금욕입니다.

에픽테토스가 생각하는 '자유인'도 고정관념이나 편견에 휘둘리지 않고, 자신이 할 수 있는 것과 하지 못하는 것을 분별해서 행동하는 사람이었습니다. 에픽테토스의 《엥케이리디온》 첫 장에도 다음과 같은 이야기가 나옵니다.

세상에는 '우리에게 달려 있는 것'과 '우리에게 달려 있지 않은 것' 두 가지가 있다. 판단, 의욕, 욕망, 혐오처럼 무릇 우리(마음)의 움직임에 의한 것은 우리에게 달려 있는 것에 속하지만, 육체나 재산, 타인으로부터의 평판, 지위 등 우리의 움직임에 의하지 않은 것은 우리에게 달려 있는 것이 아니다. 우리에게 달려 있는 것은 원래 자유롭고 방해받지 않으며, 타인에게 간섭받지 않는다. 하지만 우리에게 달려 있지 않은 것은 취약하고 예속적이며 방해받고, 자신의 것이 아니다.

지위나 명예, 재산 등 우리가 욕망을 품는 대개의 것은 우리 의지만으로는 통제할 수 없는 것에 속합니다. '노력하면 손에 넣을 수 있지 않을까?'라고 생각할지도 모릅니다. 그러나 다른 누군가의 의지나 그때그때의 운이 얽히는 일을 피할 수 없는 한 완전히 자신의 재량 안에 있는 것, 즉 우리에게 달려 있는 것이라고는 말할 수 없습니다.

그래서 에픽테토스는 우리에게 달려 있지 않은 것을 욕망하는 태도를 경계하라고 강하게 권고합니다. 대표적인 예로 언급한 것이 다른 사람을 부러워하는 행동입니다. 오늘날에도 많은

스토아학파의 욕망에 대한 기본 자세

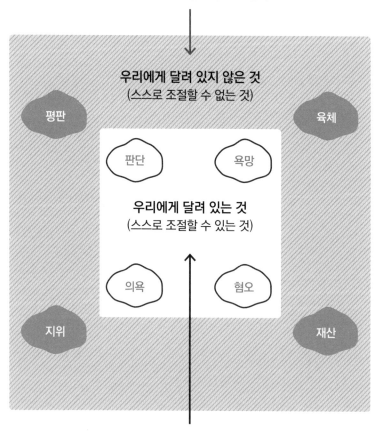

이곳으로 욕구가 향해서는 안 된다.

우리에게 달려 있지 않은 것
(스스로 조절할 수 없는 것)

평판

육체

판단

욕망

우리에게 달려 있는 것
(스스로 조절할 수 있는 것)

의욕

혐오

지위

재산

욕망의 대상으로 삼아도 되는 것은 이것뿐!

사람이 연예인이나 운동선수, 재벌 등 이른바 유명인으로 불리는 사람들의 화려한 패션, 부유하고 고급스러워 보이는 일상을 동경합니다. 예나 지금이나 장차 무엇이 되고 싶으냐는 질문에 '셀럽'이라고 대답하는 아이들도 많지요. 굳이 유명 인사까지 가지 않더라도 주변을 둘러보면 특출난 외모나 세련된 감각으로 인기를 끌거나, 고학력 자산가로 주위의 부러움을 자아내는 사람은 얼마든지 있습니다.

그러나 아무리 누군가가 부럽다고 한들, 그 같은 지위나 명예는 자신의 힘으로 어떻게 할 수 있는 것이 아닙니다. 그럼에도 불구하고 타인의 성공이나 번영을 보며 선망하는 마음을 품고 자신도 주목받고 싶은 욕망을 지님으로써 불필요한 경쟁에 휘말리고 결과적으로 괴로움을 자처하는 것은 어리석은 선택일 수밖에 없습니다.

진정한 의미에서 자유롭게 살아가기 위해서는 우리에게 달려 있지 않은 것에 현혹되지 말아야 합니다. 그것이 행복한 인생을 누리기 위한 전제 조건이라고 에픽테토스는 말하고 있습니다.

병이나 죽음, 가난을
피하고자 한다면
불행해질 것이다

기억하라. 그대가 '욕망'에 담는 것은 원하는 것을 얻을 수 있으리라는 소망이며, '혐오'에 담는 것은 꺼리고 피하고자 하는 것을 맞닥뜨리지 않기를 바라는 마음이다. 그러므로 욕망하는데도 갖지 못하는 사람은 불우해지고, 혐오하는 데도 맞닥뜨리는 사람은 불행해진다.

만일 그대에게 달려 있는 것 중에서 '자연에 반하는 것'만 피하고자 한다면 그대가 피하려는 그 어떤 것과도 마주치지 않을 것이다. 그러나 병이나 죽음, 가난을 피하고자 한다면 그대는 불행해질 것이다.

그러한즉 우리에게 달려 있지 않은 것은 혐오의 대상에서 모두 제외하고, 우리에게 달린 것 중에서 '자연(섭리)에 반하는 것'으로 혐오의 대상을 바꾸라.

《엥케이리디온》 제2장

불편한 진실에서
눈을 돌리지 않는다

전염병을 피할 수 있는가?

우리에게 달려 있는 것과 우리에게 달려 있지 않은 것을 분별해 사고하는 방식은, 욕망뿐 아니라 혐오에도 적용할 수 있습니다. 에픽테토스는 자기 의지로 피할 수 있는 대상만을 피하고자 할 것을 강조했습니다.

그렇다면 내 의지로 피할 수 있는 것이란 무엇일까요? 상식적으로 생각할 때, 질병은 개인이 어떻게 관리하느냐에 따라 피할 수 있는 문제처럼 보입니다. 평소 식생활에 주의하고 적절히 운동하고 정기적으로 건강검진을 받으면 어느 정도는 예방할 수 있을 테지요. 가난도 어느 정도는 피할 수 있습니다. 성실히 일하고 아끼고 저축하면 됩니다. 이렇게 보면 병이나 죽음, 가난을 피하려고 하지 말라는 에픽테토스의 말에는 모순이 있어 보이기도 합니다.

그러나 조금만 깊이 들여다보면 금세 현실이 드러납니다. 아무리 조심하고 대비한다고 해도 인간은 질병이나 죽음에서 완전히 벗어날 수 없으며, 불가피한 사고나 재해 등으로 재산을 잃어버릴 가능성도 배제할 수 없습니다. 이런 상황은 개인이 이렇다저렇다 통제할 수 없는, 능력 밖의 일이기 때문입니다.

한편 우리가 수첩을 펼쳐 놓고 다음 주 일정을 계획한다든지, 이제 집에 곧 들어간다고 가족에게 전화할 때처럼 아주 가까운 미래를 예상할 때는 자신이나 가족, 지인이 '당분간'은 죽지 않는다는 강한 믿음을 무의식중에 가집니다. 이러한 사고는 인간이 안정감을 가지고 살아가는 데 필요합니다. '한 치 앞도 알 수 없다'는 사실을 매 순간 진지하게 인식한다면 어떤 행동도 제대로 취할 수 없을 테니까요.

다만 우리가 자신의 바람을 진실보다 우선하며, '보고 싶지 않은 불편한 진실'을 무의식중에 외면하고 있다는 사실은 분명해 보입니다. 이에 에픽테토스는 불편한 진실에서 눈을 돌리지 말 것을 권하고 있지요. 건강을 위해 노력할 필요가 없다고 말하는 게 아닙니다. 최선을 다해 노력한다고 해도 근본적으로 피할 수 없는 부분이 있음을 인정하라는 것이지요. 평소 그런 자각이 전무한 채 갑작스레 중대한 병에 걸린다면 심리적 충격까지 더해져 더욱 깊은 무력감과 고통을 겪을 수 있습니다.

아무리 완벽하게 계획을 세우고 여행에 나선다 한들, 여행지에서는 예상치 못한 일을 만나기 마련입니다. 계획대로 되는 것이 당연하다고 믿는 사람은 돌발적인 상황에 직면했을 때 임기응변으로 신속하게 대처하기가 쉽지 않습니다. 반면 여행에서는 언제든 뜻하지 않은 문제가 생길 수 있다고 각오해둔 사람은 유사시에 조금 덜 당황함으로써 빠르게 대처할 수 있을 것입니다. 인생도 마찬가지지요.

에픽테토스가 일관되게 전하는 메시지는 자기 힘으로 어찌할 수 없는 것을 애초에 바라지 말라는 것입니다. 우리 삶에서 예기치 않은 사건이 발생하는 것은 당연하다고 평소 염두에 두는 것이, 갑작스러운 재난 앞에서 자기 자신을 잃지 않고 회복력을 발휘할 수 있는 비결인지도 모르겠습니다.

Epictetus

※고대 로마 시대에는 알칼리성을 띠는 오줌과 찰흙을 섞어 비누 대용으로 썼다고 함.

타인의 일에 시선을 거두고
내가 할 수 있는 일에
몰두한다

만일 그대가 그대의 자식이나 아내, 친구들이 언제까지나 살아있기를 바란다면 그것은 어리석은 일이다. 왜냐하면 '그대에게 달려 있지 않은 일'을 그대가 통제하기를 바라고 '남의 것'이 그대의 것이 되기를 바라는 것이기 때문이다.

마찬가지로 자신의 노예가 실수하지 않기를 바라는 자 역시 어리석다. 왜냐하면 그것은 '잘못된 것'을 잘못된 것이 아닌 것, 다른 무엇이 되기를 바라는 것이기 때문이다.

다만 그대 자신이 이루고자 하는 것이 실패하지 않기를 바란다면, 그것은 가능하다. 그러므로 그대가 할 수 있는 일, 바로 그 일에 전념하라.

《엥케이리디온》 제14장

아무리 간절히 바란다고 해도
이루어지지 않는 것

남의 일은 남의 몫이다

소중한 가족이나 친구, 반려동물 혹은 아끼는 물건처럼 가까이에 있으면서 내 것이라 생각한 대상이 영원하기를 바라는 마음은 누구나 비슷할 것입니다. 하지만 형태가 있는 것은 언젠가는 소멸하며, 인간은 언젠가 반드시 죽는다는 것 또한 모두가 알고 있는 사실이지요.

그런데 우리는 과연 이것을 진심으로 이해하고 있을까요? 냉혹하게 들릴 수 있겠지만, 에픽테토스는 소중한 무언가가 언제까지나 곁에 있기를, 영원하기를 바라는 사람은 어리석은 바보나 다름없다고 말합니다. 자신이 할 수 있는 것과, 어떻게 해도할 수 없는 것을 혼동하고 있기 때문이지요.

당연한 말이지만, 우리가 아무리 간절하게 바란다고 해도 우리 곁의 소중한 존재가 영원한 생명을 얻을 수 있는 것은 아닙니다. 에픽테토스는 자신이 할 수 없는 것을 바라본들 그 소망이 이루어질 리 없는 현실을 자각하기를 바랐습니다. 그리고

'노예의 실수'를 쉬운 예로 들었습니다. 노예제 사회였던 고대 로마 시대에는 농업이나 가사 노동에 종사하는 노예들이 집에 상주했습니다. 에픽테토스는 이 노예들에게 실수가 없기를 바라는 사람을 '어리석은 자'라고 평했습니다.

이 조언은 복잡한 인간관계를 맺으며 살아가는 현대인의 생활에서 더욱 진가를 발휘합니다. 에픽테토스가 말한 '노예'를 요즘으로 치자면 규칙을 지키지 않는 아이, 불성실한 학생, 태만한 부하 직원, 히스테릭한 상사 등으로 생각해볼 수 있습니다. 우리는 가정이나 사회에서 관계 맺는 타인을 향해 '이렇게 저렇게 했으면 좋겠다'고 요구하거나 바라는 일이 흔하지요. 하지만 타인은 내가 어떻게 컨트롤할 수 있는 존재가 아님을 잊지 말아야 합니다. 타인의 일은 타인의 몫입니다.

무언가를 바라는 마음은, 오로지 내가 할 수 있는 것우리에게 달려 있는 것에 한해야 합니다. 태도가 나쁜 상사를 바꿀 수는 없지만, 그를 대하는 나의 태도는 바꿀 수 있는 것처럼 말이지요. 지금 무언가 바라는 것이 있다면, 그것이 내 힘으로 어떻게든 할 수 있는 문제인가를 먼저 곰곰이 생각해볼 필요가 있습니다. 남에게 무언가를 바라지 않고 내가 할 수 있는 일에 힘쓰는 것이야말로 인간관계로 인한 소모적인 고민을 덜고 평온한 마음을 가지는 좋은 방도가 될 것입니다.

나의 확신을
'옳지 않다'며 흔드는 목소리를
두려워하지 않는다

무언가를 마땅히 해야 한다고 결심했다면 그것을 행함에 있어 다른 이에게 보여지는 것을 결코 피하려고 해서는 안 된다. 설령 많은 사람(대중)이 그대의 확신과는 다른 판단을 할지라도 말이다.

그대가 옳은 행동을 하는 것이 아니라면 처음부터 그 행동 자체를 피하라. 그러나 실로 올바르게 여긴다면 '옳지 않다.'라고 떠들어대는 자들을 무엇 때문에 두려워하는가?

《엥케이리디온》 제35장

타인의 평가 속에
산다는 것

내 것을 남에게 맡겨도 좋은가

정치인이나 연예인 같은 직종의 사람은 대중의 지지와 반응, 평가에 민감합니다. 일상의 모습이나 패션을 담은 사진은 물론, 블로그나 트위터의 사소한 글까지 부정적 이슈로 입방아에 오르지 않도록 일거수일투족을 조심하지요. 이와 비교해 군인, 학자, 장인 등 어디까지나 전문 능력이 최우선이라 대중의 호감도에 크게 영향받지 않는 직업도 있습니다. 물론 그 능력 또한 결국은 남들로부터 평가의 대상이 됨에는 변함없지만 말입니다.

지극히 평범한 삶을 사는 사람 중에도 대인관계가 원만하고 붙임성이 좋아 주변 사람에게 인기 있는 사람, 상복이 있는 사람, 능력을 인정 받아 높은 자리에 빨리 오르는 사람이 있는가 하면, 다른 사람에게 오해를 자주 사는 사람, 존재감이 없는 사람, 저평가되어 승진과는 인연이 없는 사람이 있습니다.

하지만 자신이 아무리 노력해도 타인으로부터 받는 평가나 평판은 자기 뜻대로 조절할 수 있는 것이 아닙니다. 게다가 타인의 시선이나 평가에 지나치게 연연하면 정작 자신이 나아가고자 하는 길을 제대로 보지 못하는 수도 있습니다.

이에 에픽테토스는 타인의 평가를 두려워하지 말라고 합니다. 사회 관계망 서비스SNS가 우리 삶에 가까이 들어와 있는 요즘은 시시각각 타인의 평가를 받는 세상이 되었습니다. 그래서 뭔가를 결정할 때 자신의 관점이 아닌 타인의 시선을 중시하곤 합니다. 친구들에게 잘 나가는 사람으로 인정받고 싶어서 대기업에 취업하거나, 고급스러운 취향의 사람으로 보이고 싶어서 고가의 제품을 사는 등 자신도 깨닫지 못하는 사이 남의 눈을 지나치게 의식하는 경우가 적지 않습니다.

그러나 재차 말했듯이 아무리 노력해도 타인의 평가, 평판은 내가 통제할 수 있는 것이 아닙니다. 유망한 기업에 취업해도 '혼자 잘난 척하는 녀석'이라고 누군가는 생각할지 모르고, 유명한 카페에서 찍은 사진을 올려도 '자랑 일색이네', '재수 없어'라는 소리를 들을지도 모릅니다. 내 의지로 통제할 수 없는 타인의 평가에 연연하며 산다는 것은, 진흙탕 속에서 옴짝달싹 못 하고 괴로워하는 것과 같습니다. 그 결과 자기 내면의 진정한 소리를 듣지 못하고 길을 잃기도 합니다.

자유롭게 사는 유일한 길은 무엇보다 자신의 의지를 따라 충실히 사는 것입니다. 작은 일상까지 타인의 평가에 노출되기 쉬운 지금의 세태 속에서 내가 가야 할 길을 잃지 않기 위해 에픽테토스의 말을 더욱 절실히 새길 필요가 있겠습니다.

내가 원한다면
어떤 불길한 징후도
반가운 길조가 될 수 있다

까마귀가 불길하게 운다고, 마음속 편견이 그대의 이성을 앗아가지 않도록 하라. 오히려 마음속으로 분별해내어 다음과 같이 말해 보라.

"이 모든 것은 어느 것 하나 나에 대해 '나쁜 일'이 일어날 것이라고 예고하는 것이 아니다. 기껏해야 내 빈약한 신체나, 내 재산이나, 나에 대한 평가나, 나의 자식 혹은 아내에 대해 예고하는 것에 지나지 않는다. 그러나 내가 원하기만 한다면, 그 모든 것을 나에 대한 길조로 바꿀 수 있다. 어떤 일이 생기든 거기에서 어떤 이익을 얻을지는 나에게 달려 있기 때문이다."

《엥케이리디온》 제18장

세상 일이 그대가 바라는 대로 이뤄지길 바라지 마라. 오히려 일이 일어나는 대로 일어나기를 바라라. 그러면 그대는 평화롭고 행복한 삶을 살 수 있을 것이다.

《엥케이리디온》 제8장

불안과 번민을 몰아내고
궁극적인 낙관에 이르는 힘

그 꿈은 정말 나쁜 꿈이었을까

현대인들은 언뜻 이해하기 어려울 수 있겠지만, 고대 사회는 주술이나 예언으로 가득 차 있었습니다. 특히 고대 지중해 지역그리스, 로마에서는 다양한 복점 가운데 새점이 가장 인기를 끌었습니다. 새가 일렬로 줄지어 날아가면 평화를 의미하는 길조, 어지러이 돌아다니거나 소리 높여 울면 심상치 않은 조짐을 예고하는 흉조로 풀이했지요.

그렇지만 고대인을 비합리적이라고 치부할 만큼 현대인이 합리적인 것도 아닙니다. 요즘에도 타로카드나 오늘의 운세 등 점괘의 결과에 울고 웃는 사람이 많기 때문입니다. 비단 점이 아니더라도, 우리 일상을 돌이켜보면 주위 상황 때문에 막연한 불안감을 느낄 때가 적지 않습니다. 이를테면 신경이 곤두서 있는 상사가 가까이에 있으면, 그것만으로도 위축되고 언제 불똥이 튀지는 않을까 노심초사하지 않나요?

이에 에픽테토스는 '사실'과 '평가'를 구별해야 한다고 주장합니다. 상사가 신경이 곤두서 있는 것은 사실이지만, 좋고 나쁨은 자신이 평가할 수 있다는 것이지요. 점도 마찬가지입니다. '나쁜 점괘'가 나오면 괜히 속상합니다. 중요한 일을 앞두고 있을 때나 시험을 준비할 때라면 더욱 그렇지요. 반신반의하며 재미로 본 것이라 해도 '어쩌면 잘 안 될지도 몰라.'라는 불길한 예감이 마음을 어지럽힐 수 있습니다.

여기가 중요한 부분인데, 에픽테토스는 점이나 운세를 보지 말라고 이야기하는 게 아닙니다. 일에 관해서든 인간관계에 관해서든 나쁜 점괘가 나왔다는 사실과, 일이 잘 안 풀릴지도 모른다는 예감, 마음이 불안하고 흔들릴 것 같다는 본인의 감정^평가은 별개임을 인식하라는 것입니다.

에픽테토스는 일어난 일 그 자체에는 좋고 나쁨이라는 선악의 개념이 존재하지 않는다고 굳게 믿었습니다. 사실 당연하다면 당연한 말이지요. 지진이나 홍수도 자연의 섭리로 발생하는 것이기에 그 자체로 선악을 논할 수 없습니다. 물론 '모든 일이 바람대로 이루어진다면 좋을 텐데'라고 생각하는 것이 인지상정입니다. 지진이나 홍수도 당연히 일어나지 않기를 바랍니다. 학업 성적, 사업 번영, 무병장수과 같은 바람은 인간에게 지극히 자연스러운 소망으로 보입니다.

그러나 에픽테토스는 바로 이런 상식에 이의를 제기합니다. 미래에 어떤 일이 벌어지더라도 그것은 인간의 힘으로 좌지우지할 수 없으므로 애초에 욕망의 대상이 되어서는 안 된다는 것이지요. 단, 일어난 사실은 우리에게 달려 있는 것이 아니기에 아무것도 할 수 없지만, 그것을 어떻게 평가할지는 우리에게 달린 것이기에 선택할 수 있다고 말합니다. 나아가 일어난 일이 자신의 소망과 다르더라도, 언뜻 자신에게 나쁜 것이라는 생각이 들지라도 우리가 마음 먹기에 따라 그것을 얼마든지 선용善用, 즉 좋은 쪽으로 이용할 수 있음을 강조합니다.

예컨대 어린 시절 소풍 전날 밤, 내일 날씨가 맑기를 바란 적이 누구나 한 번쯤은 있을 겁니다. 하지만 다음날 비가 내렸고 야외 소풍 대신 수족관을 가게 되었다고 합시다. 그럼 과연 어느 쪽이 더 좋았을까요? 아무리 생각해봐도 딱 잘라 말하기는 쉽지 않습니다.

여기에서 관점은 두 가지로 나뉘는데, 하나는 언제까지나 본래의 희망을 고집하는 것입니다. '비가 오지 않았더라면 야외로 소풍을 갈 수 있었을 텐데', '1지망 학교에 합격했더라면 지금보다 좋은 직업을 가졌을 텐데……' 같은 미련과 후회의 길입니다. 이런 관점에서는 실망밖에 생기지 않습니다.

반면에 '비가 내렸지만 즐거웠으니 그걸로 좋다', '지금 직장에서 소중한 동료들을 만날 수 있었던 것은 행운이었다' 이렇게 자신의 주관적인 희망과는 다른 '차선책으로서의 현재'를 받아들이는 관점도 있습니다. 천직 같은 발상도 이런 사고방식에서 비롯됩니다.

그리고 후자가 바로 에픽테토스가 말하는 선용의 길입니다.

자신에게 일어난 일을 받아들이고 미래에 대한 불안과 번민을 말끔히 몰아내는 것은 궁극적인 낙관에 이르는 일이기도 합니다.

흔히 '내일은 내일의 태양이 뜬다.'라고 말합니다. 그리스도교가 깊이 뿌리내린 문화권에서는 예수의 가르침인 '너희 하늘 아버지께서 이 모든 것이 너희에게 있어야 할 줄을 아시느니라', '내일 일은 내일 염려할 것이요'마태복음 6장 32절, 34절를 마음에 새긴 사람이 많을 것입니다. 각자의 미래에 나쁜 일이 일어나지 않으리라 믿는 것이지요. 에픽테토스의 철학과 그리스도교는 이러한 섭리를 공통된 사고방식으로 지니고 있습니다.

61쪽에 실린 원문의 '평화롭고 행복한 삶을 산다'란, 원래는 물이 위에서 아래로 유유히 흘러가는 것을 나타내는 말입니다. 분노와 걱정으로 번민하는 일 없이 사람에 대해서건 일에 대해서건 자연의 이치에 따라 대처하는 것, 그것이 에픽테토스가 그리는 '행복'의 이미지입니다.

우리 삶에는 매일같이 수많은 일이 벌어집니다. 그 속에서 선입관에 얽매이지 않은 맑은 눈으로 사실을 마주하는 일이야말로 쉼 없이 밀려드는 크고 작은 사건에 우리가 휩쓸리지 않는 유일한 방법이 아닐까요? 어떤 사실이든 나에게 긍정적인 방향으로 작용할 수 있도록 바꿀 힘이 우리에게 있습니다. 에픽테토스는 당연하면서도 미처 깨닫지 못하는 진리를 다시 한번 우리에게 일깨우고 있습니다.

멀리 있는 것을
탐하지 않는다
다가올 때를 기다린다

그대는 마치 연회에 참석한 듯이 인생을 살아가야 함을 기억하라.

어떤 요리가 빙 돌아 그대 곁으로 왔다. 예의를 지키며 손을 뻗어 먹을 만큼의 몫만 가져오라. 지나가 버렸는가. 멈춰 세우지 마라. 아직 오지 않았는가. 멀리 있는 것을 탐하지 마라. 그대 곁으로 올 때까지 기다려라.

《엥케이리디온》 제15장

과거와 미래로
욕망의 눈을 돌리지 마라

열매가 익기를 기다리듯이

고대 그리스·로마 시대에는 각계의 인사들이 뭔가 축하할 일이 있을 때 지인이나 친구들을 집으로 초대해 저녁부터 밤까지 성대한 연회를 여는 일이 잦았습니다.

이때 만찬을 즐기는 방식은 처음부터 개개인의 몫으로 차려진 요리를 먹는 게 아니라, 노예가 가져다 나르는 큰 접시 위의 요리를 차례차례 덜어가는 형식이었습니다. 오늘날 중식당에서 회전식 테이블을 둘러싸고 덜어 먹는 것과 비슷하지요. 그러다 보니 자기 앞에 요리가 돌아왔는데 멍하니 있으면 어느새 옆자리로 지나가 버리기도 하고, 먹고 싶은 요리가 있어도 모두가 순서를 기다리고 있으므로 바로 돌아오지 않기도 했습니다.

때마침 기회가 찾아왔을 때 그것을 잡는다면 아무 문제가 없습니다. 그러나 일단 기회를 놓쳤다면, 언제까지고 그것에 집착해서는 안 됩니다. 더 좋은 기회가 오지 않을까 기대하는 마음을 섣불리 가져서도 안 됩니다.

어떤 요리가 빙 돌아 그대에게로 왔다. 예의를 지키며 손을 뻗어 먹을 만큼의 몫만 가져오라. 지나가 버렸는가. 멈춰 세우지 마라. 아직 오지 않았는가. 멀리 있는 것을 욕망하지 마라. 그대 곁으로 올 때까지 기다려라.

에픽테토스는 누구나 알고 있는 연회에서의 식사 예법을 인용해 인생에서의 욕망을 논합니다. 과거나 미래로 욕망의 눈을 돌릴 것이 아니라, 현재 주어진 상황을 제대로 바라보며 그 순간을 향유할 것. 이것이 에픽테토스가 생각하는 올바른 욕망의 형태입니다.

이는 로마의 시인 호라티우스의 격언 중 '카르페 디엠Carpe diem, 오늘을 즐겨라'의 사고방식과 일맥상통합니다. 찰나의 쾌락에 빠지라는 말이 아니라, 오히려 지금을 소중히 살아가라는 '일기일회—期—會, 일생의 단 한 번뿐인 만남'의 정신을 말합니다.

현재의 삶에 오롯이 관심을 기울인다면, 돌이킬 수 없는 과거에 연연하지도 않고 불확실한 미래 때문에 심란할 일도 없습니다. 이처럼 평정심을 유지하는 습관을 기른다면 삶에 대한 집중력도 자연히 높아집니다.

질병이 육체를 제약할 수는 있어도
의지를 제약할 수는 없다

병은 육체를 방해할지언정 의지를 방해하지는 못한다. 우리의 의지가 그렇게 되기를 원하지 않는 한 그러하다. 지체 부자유는 몸의 활동을 막지만, 의지의 움직임을 막지는 못한다.

그대가 어떤 일에 맞닥뜨리든 이 말을 그대 자신에게 들려주어라. 어떤 시련이 다른 무언가를 방해할 수는 있어도 그대의 의지를 방해하지는 못한다는 사실을 깨달을 것이다.

《엥케이리디온》 제9장

누구나 가지고 있는
진정한 자유

다리의 불편함은 마음의 자유까지 빼앗는가

'아침에 눈을 뜨니 몸이 나른하고 어쩐지 열도 오르는 듯하다. 체온을 재어보니 38도에 육박. 이렇게 저조한 컨디션으로는 도저히 회사에서 일할 수 있을 것 같지 않은데…….' 누구나 이런 경험이 한 번쯤은 있으리라 생각합니다.

나의 자유가 속박되는 것, 대개 그 원인은 돈이 없거나 시간이 없는 등 수단이 부족해서인 경우가 많습니다. 그런데 잘 생각해보면 우리의 자유를 가장 크게 제약하는 요인은 우리의 신체 부자유로 귀착하지 않을까요?

우리가 '몸을 가지고 있다'는 사실은 너무도 당연해서 매 순간 육체의 존재를 생생히 의식하며 살아가지는 않습니다. 일상적으로 다니는 길을 걷고 밥을 먹는 등 아무 불편 없이 활동할 때는 자신이 '육체'를 가지고 있다는 사실을 거의 깨닫지 못하지요.

빨리 달려서 숨이 차거나, 치통을 앓거나, 다리를 다쳐서 잘

걷지 못하는 등 무언가를 하지 못하거나 하기 어렵다고 느낄 때, 즉 대체로 부정적인 신호를 경험할 때에야 우리는 비로소 자신의 육체를 확연히 의식합니다. 평소에는 안경의 존재를 잘 의식하지 못하지만, 렌즈에 뿌옇게 김이 서려 제대로 보이지 않으면 안경의 존재를 강하게 의식하는 것과 비슷합니다.

한편 몸을 움직인다는 것에는, 그 자체로 즐거움을 느끼는 측면이 있습니다. 연습을 거듭해서 물구나무서기를 할 수 있게 되었을 때, 25미터 수영장을 한 번에 헤엄쳐서 갔을 때 혹은 피아노연습곡을 틀리지 않고 연주하게 되었을 때, 우리는 충만한 기쁨이 솟아남을 느낍니다. 몸과 마음이 하나가 되는 듯한 독특한 감각을 느끼기도 하지요.

그리고 이러한 이유로 우리는 육체의 상태와 의욕을 연결시키는 경향이 있습니다. 컨디션이 좋으면 '좋아, 오늘은 열심히 해야지!' 하며 분발하기도 하지만, 몸이 나른하다는 이유로 아예 의욕을 가지지 않을 때도 있습니다. 많은 이들이 병에 걸리거나 컨디션이 저조하면 정신력까지 약해지는 경험을 합니다.

그러나 에픽테토스는 이 상식적인 태도에 의문을 던집니다.

병은 육체를 방해할지언정, 의지를 방해하지는 못한다.

모든 것은 마음먹기에 달려 있다는 식으로 무조건적인 정신력의 단련을 강요하려는 게 아닙니다. 애당초 에픽테토스가

'의지prohairesis, 프로하이레시스'라고 부르는 것은 의욕과 조금 다릅니다. 의욕은 분명 컨디션이나 건강 상태에 좌우되지만, 의지는 그렇지 않습니다. 에픽테토스가 말하는 의지란 자신이 무엇을 하길 원하고, 어떤 것을 우선시하고, 무엇을 해야 한다고 판단할 것인가를 성찰하며 내린 최종적인 결론이며, 이는 그 사람의 성품이나 성향의 핵심을 이룹니다. 여기에는 애초에 어떤 외적인 장애도 존재하지 않습니다.

우리는 병이나 부상 때문에 필요 이상으로 좌절하기도 하고, 일이 실패함에 따라 의기소침해지고 의지까지 부정적인 방향으로 꺾이곤 합니다. 이러한 어려움에 직면한 때일수록 에픽테토스의 충고를 떠올려야 합니다. 질병이나 신체적인 장애로 실행할 수 없는 일들이 있는 것은 사실이지만, 그것 때문에 무엇을 해야 하는지, 하지 말아야 하는지와 같은 합리적인 판단까지 흐려져서는 안 됩니다.

에픽테토스는 무조건 견딜 것을 권하는 것이 아니라, 힘든 상황에 처하더라도 자신의 의지만은 자유로울 수 있음을 잊지 않기를 당부하고 있습니다. 그는 《담화록》 곳곳에서 스스로를 '다리가 불편한 늙은이'라고 칭합니다. 장애를 앓게 된 이유로는 과거 전 주인의 가혹한 처벌 때문이라는 설도 있고 노년의 류머티즘이 원인이라는 설도 있지만, 어찌 됐든 그가 전하는 삶의 교훈은 결코 탁상공론이나 정신론이 아닌 자기 삶에서의 생생한 경험을 바탕에 두고 있기에 더욱 무게감이 실립니다.

'아무리 어려운 상황에 처하더라도 나의 의지만은 자유로울 수 있다. 의지야말로 내가 유일하게 자유롭게 할 수 있는 것이다.' 이렇게 매 순간 자신을 일깨운다면, 도저히 헤어나올 수 없을 듯한 괴로운 상황에 처할지라도 다시 일어설 힘을 얻을 수 있을 것이라고 에픽테토스는 믿어 의심치 않았습니다.

제 2 부

감정의 노예에서
벗어나는 법

불안을 가져오는 것은
사건 자체가 아닌
그에 대한 나의 믿음이다

사람들을 불안하게 하는 것은 일(pragma) 자체가 아니라 그 일에 관한 믿음(dogma)이다. 이를테면 죽음이라는 사건은 결코 두려운 것이 아니다. 그렇지 않다면 예의 저 소크라테스 역시 죽음을 두렵다 여겼을 것이다. 오히려 '죽음은 두렵다.'라고 죽음에 관해 우리가 가지는 믿음, 그것만이 두려움의 정체다.

그러므로 우리가 방해를 받거나, 불안해지거나, 슬픔을 느낄 때 결코 타인을 책망해서는 안 된다. 오히려 우리 자신을, 즉 우리의 믿음(생각)을 탓할 일이다.

《엥케이리디온》 제5장 5a

모든 괴로움의 원인은
나 자신으로부터

감정이란 '나의 사고방식'에 의해 생기는 것

스토아철학에서는 불안에 휩싸이거나, 슬픔에 빠지거나, 분노에 떠는 등의 부정적인 감정에 사로잡히는 것이야말로 사람이 불행해지는 가장 큰 원인이라고 말합니다. 그리고 우리는 일상 속의 갖가지 일로부터 영향을 받아 시시때때로 이런 감정에 시달립니다.

부정적인 감정에 사로잡힐 때 사람들은 그 원인을 외부 세계의 사물이나 사건 속에서 찾으려 합니다. '그 사람 때문에', '불우한 가정 형편 탓에'라는 식으로 자신을 둘러싼 환경과 인간관계를 원망하곤 합니다.

하지만 에픽테토스는 이러한 관점 자체를 근본적으로 뒤엎습니다. 외부의 사물이나 사건pragma, 프라그마 자체는 선악 그 어느 쪽도 아닙니다. 그러므로 그것이 인간을 괴롭히는 것은 결코 아니지요. 인간의 괴로움은 외부의 사물이나 사건을 어떻게 받아들일지 가치 판단을 내리는 우리의 사고방식dogma,

도그마 에서 기인한다고 보았습니다.

'무시무시한 숲'이라는 표현을 떠올려 봅시다. 우거진 수풀로 한낮에도 어두컴컴하고 인적 드문 숲은 처음 발을 내딛는 사람에게 공포감을 안기기 충분합니다. 그러나 잘 생각해보면 '무시무시하다'라고 느끼는 것은 어디까지나 개인의 주관적인 감상에 지나지 않을 뿐 숲 자체에 뭔가 무서운 성질의 것이 처음부터 존재한 것은 아니지요. 숲을 사냥터로 삼는 노련한 사냥꾼에게는 그저 익숙하고 평범한 생활의 터전일 뿐입니다.

도시에서 자란 아이가 작은 벌레를 무서워하는 것처럼 단순한 낯섦이 공포라는 감정과 결합하기도 합니다. 일단 그런 감정에 사로잡히면 그 자체는 그리 위험할 것이 없음에도 두려움을 느끼게 됩니다. 반대로 두려움에 지나치게 익숙해져 버리면 두려워해야 할 것에도 둔감해져서 자칫 사고로 이어지기도 하지요.

에픽테토스는 이런 감정에 사로잡힌 상태를 애당초 인식의 오류에서 기인한 문제라고 진단했습니다. 때문에 불안이나 슬픔에서 벗어나기 위해서는 '나는 어떤 사고방식을 갖추고 있는가?'라는 철저한 자기 성찰이 필요하다고 여겼습니다. 이 부분에서 에픽테토스는 죽음을 예로 들었습니다.

죽음은 결코 두려운 것이 아니다. 그렇지 않다면 예의 저 소크라테스 역시 죽음을 두렵다 여겼을 것이다. 오히려 '죽음은 두렵다'라고 죽음에 관해 우리가 가지는 믿음, 그것이야말로 두려움의 정체다.

이 책을 읽는 여러분은 이 말을 어떻게 생각하나요? '아니, 죽음이야말로 가장 큰 공포의 대상이야.'라고 생각하는 사람도 적지 않을 것입니다.

정상적인 사고를 하는 한 자신을 영원히 죽지 않는 불사신이라 자부하는 사람은 없습니다. 그래서 사람들은 자기 나이나 건강 상태를 고려해 생명보험을 들고 묏자리를 봐두는 등 죽음에 대한 나름의 준비를 하지요. 그러나 우리는 죽음을 실제로 체험할 수는 없습니다. 비유적인 의미가 아닌 이상 "나는 죽었다."라고 말하는 것은 불가능하므로 일인칭인 '내가 죽는다'는 것은 절대로 체험할 수 없는 일입니다. 임사 체험이라는 것도 '죽을 뻔했다', '죽음 가까이 갔다'는 것이지 정말 죽은 것은 아닙니다. 바꿔 말해 나 자신의 죽음이란 항상 가능성으로밖에 나타나지 않습니다. 그렇기에 나의 죽음은 나이와 건강 상태, 처한 환경, 가족관계 등이 반영된 내 마음 상태에 따라 공포가 되기도 하고 혐오, 혹은 은혜로도 여겨질 수 있습니다.

섬뜩하게 다가오는 '두려운 죽음'을 어떻게 길들일지는 자신의 마음을 응시하는 것에 달려 있습니다. 자연을 따라 단순히 몸을 맡기는 데에서 인생의 지혜를 추구한 모럴리스트 몽테뉴는 키케로를 인용해 "철학이란 죽음을 준비하는 것이다."라고 선언했습니다.

소크라테스는 일흔 살 때 아테네의 시민법정에서 사형을 선고받았지만, 죽는 것을 두려워하지 않았습니다. 형 집행 당일까지 옥사에서 제자들과 철학 담소를 즐겼으며, 절친인 크리톤이 고생스럽게 마련한 탈옥의 권유를 거절하고 담담히 독배를 마셨다고 합니다.

소크라테스에게 죽는다는 것은 아무런 감각을 지니지 않은 상태, 말하자면 꿈도 꾸지 않고 숙면하는 하룻밤 혹은 육체에서 해방된 영혼이 지상에서 저승으로 이주하는 상태 둘 중 어느 쪽이든 나쁠 것이 없었습니다. 살아 있는 동안에도 죽은 후에도, 선한 사람에게는 반드시 신의 가호가 있을 것이라는 희망을 안고 있었습니다. 그것은 결코 근거 없는 맹신이 아니었으며, 스토아학파의 철학자들도 소크라테스의 경지를 본받아 '두려움 없이 죽음을 맞이하는 것'을 삶의 이상으로 삼았습니다.

나를 모욕하고 있는 것은
모욕당했다고 생각하는
'나의 생각'이다

그대를 모욕하는 것은 그대를 지저분하게 헐뜯는 자나 주먹을 휘두르는 자가 아니라 그자들에게 모욕당했다고 여기는 그대의 생각임을 깨달아라. 누군가가 그대를 화나게 만든다고 느낄 때, 그대의 마음속 생각이 그대를 노엽게 만든다는 사실을 기억해야 한다.

그러한즉 무엇보다 심상에 마음을 빼앗기지 않도록 노력하라. 잠시라도 좋으니 스스로 생각하는 시간과 여유를 먼저 가진다면, 그대 자신을 이기는 것은 쉬운 일이 될 테니.

《엥케이리디온》 제20장

부정적인 감정을 만들어내는
무의식적인 판단

모욕적인 발언인가, 단순한 헛소리인가

분노나 슬픔 같은 격한 감정은 다름 아닌 자신의 감정임에도 불구하고 스스로 통제하기가 쉽지 않습니다. 누군가의 불쾌한 말 한마디에 화가 나면 좀처럼 분노가 수그러들지 않습니다. 실연을 당하고 깊은 우울감에 잠겨 있을 때 기운 내라는 말을 듣는다고 쉽게 털고 일어설 수 있는 것도 아니지요.

에픽테토스는 그러한 감정에 앞서 '판단hupolepsis, 휴포레프시스'이 있다고 보았습니다. 가령 누군가로부터 '바보'라는 소리를 들으면 화가 날 수 있겠지만 그렇지 않은 상황도 있습니다. 지난날의 실패담을 터놓은 자리에서 친구에게 "이런 바보."라는 소리를 듣는다 해도 그리 화나지 않을 겁니다. 그 말이 현재가 아닌 과거 행동에 대한 평가라고 판단할 수 있기 때문입니다.

이런 점에서 감정은 본능적인 욕구와 달리 일정한 이해나 지성을 동반한다고 볼 수 있습니다. "지금 나한테 화내 봐."라는 부탁을 받는다고 바로 화가 나지는 않습니다. 한편 느닷없이 남에게 얻어맞는다면 불합리한 폭력을 당했다는 생각_{판단}에 누 구라도 화가 나기 마련입니다. 단 그 행동에 합당한 이유가 있어서, 이를테면 위험을 피하려고 부득이하게 밀쳤다는 등의 해명을 수긍할 수 있다면 분노는 곧 수그러들 것입니다.

요컨대 부정적인 감정은 자신도 인식하지 못한 사이에 판단을 만들어냅니다. 그리고 앞의 예시처럼 겉으로 드러난 행위만 주목하면 상황을 오인해 엉뚱한 화를 터트릴 가능성이 있습니다. 대부분의 행위에는 동기가 있습니다. 얼핏 무례해 보이는 행동일지라도 꼭 악의에서 비롯된 것이 아닐 수 있습니다. 상대방이 왜 그런 행동을 하게 되었는지 종합적으로 헤아려보면 수긍할 수 있는 나름의 이유를 발견하기도 합니다.

책상에 놓인 종이도 위에서 내려다 보면 직사각형이지만, 비스듬히 보면 평행사변형이나 사다리꼴로 보입니다. 이처럼 단순한 사물조차 관점에 따라 전혀 다른 형태로 보이는데, 지금 당장 눈앞에 벌어진 상황만을 절대시해서는 안 된다는 것이죠. 현재 자신의 관점으로 파악되는 사실만 가지고 성급히 전체를 판단할 것이 아니라 전혀 다른 견해가 존재할 수 있음을 검토해보는 것, 이러한 균형적인 상상력이야말로 불필요한 분노를 억제하고 타인에게 관용적인 자세를 품게 합니다.

부정적인 감정에 빠지는 원인이 외부 탓일 수도 있지만, 실상은 굳어버린 자기 판단에서 벗어나지 못하고 스스로 스트레스의 씨앗을 마구 뿌린 결과일 수도 있음을 유념하기 바랍니다.

나의 잔이 깨졌을 때나
남의 잔이 깨졌을 때나
같은 태도를 취하기를

우리는 서로의 처지나 입장이 다르지 않음을 아는 것에서 자연의 의지를 배울 수 있다. 예컨대 옆집의 노예 소년이 실수로 잔을 깬다면 우리 대부분은 "흔히 일어날 수 있는 일이지."라고 주저 없이 말할 것이다. 그러니 그대의 잔이 깨졌을 때도 같은 태도를 보여야 함을 깨달아라.

이 원칙을 더 중대한 일에 적용해보자. 누군가의 자식 혹은 아내가 죽었을 때 "인간인 이상 어찌할 수 없는 일이지."라고 위로하지 않는 사람은 없을 것이다. 그러나 어느 누구든 자신의 가족이 죽으면 "아아, 어떻게 이런 일이! 너무나 비참하도다." 하고 울부짖는다. 그러나 생각하라. 우리가 다른 이들로부터도 그런 말을 듣게 되면 과연 어떤 심정이 들 것인지를.

《엥케이리디온》 제26장

왜 남의 불행처럼
자신의 불행을 마주하지 못하는가

나는 정말 구제불능인 인간인가

간혹 친구나 지인의 하소연을 들으면서 '뭘 저렇게까지 신경 쓸까.' 하고 생각한 적이 있나요? 이를테면 "애가 말을 안 들으니까 부모로서 자신감이 없어져."라며 침울해하는 친구의 말에 걱정은 들지만 '솔직히 애들이 다 그렇지. 뭐.'라고 비교적 냉정하게 받아들이는 것처럼 말입니다. "계약 막바지에 실수한 게 너무 속상해."라는 동료의 자괴감 어린 푸념을 들어도 '안타깝지만 업무상 한두 번의 실수는 따르기 마련이지.'라고 생각하곤 합니다.

구체적인 예를 들자면 끝이 없겠지만, 여기서 말하고자 하는 요점은 아무리 비참하고 심각한 문제라도 그 일을 제삼자의 시선에서 냉정하게 바라보는 한, 감정에 치우쳐 더 깊이 상처받는 일은 많지 않다는 사실입니다. 그러나 일단 본인이 당사자가 되면 태도는 일변합니다. 대체 왜 자기 일에는 '그런 건 흔히 있는 일이야.'라는 생각이 들지 않을까요?

일단 사건의 당사자가 되면 일순간 시야가 얼어붙어 유연성 있게 대처하기가 어렵습니다. 지금 당장의 시점으로밖에 세상을 볼 수 없게 되고, 그 결과 사건을 냉정하게 받아들이지 못하지요. 대신 분노와 증오와 같은 감정에 압도되기 쉽습니다.

에픽테토스는 이 같은 반응의 차이를 두고 '왜 남의 불행과 마찬가지의 입장에서 자신의 불행을 마주하지 못하는가?'라고 질문합니다. 논리상으로는 에픽테토스가 말한 대로입니다. 하지만 막상 그렇게 행동할 수 있을까를 상상하면, 당사자와 남이 느끼는 절실함은 전혀 다르다고 반론하고 싶어질 것입니다. 그러나 재차 말했듯이 일시적인 감정의 소용돌이에 몸을 맡겨버리면 시야가 극도로 좁아집니다. 나아가 그로 인한 부정적인 감정에 긴 시간 얽매이다 보면 정신 건강에도 깊은 상흔이 생겨버리지요.

그렇다면 어떻게 해야 에픽테토스의 가르침을 우리 삶에 효과적으로 적용할 수 있을까요? 그 시작은 자신에 관한 일을 가능한 한 '남의 일처럼 파악해보는 것'에서 출발합니다. 나에게 일어난 일을 남의 일처럼 생각하는 습관을 의식적으로 들이면 흔들리는 감정의 진폭이 점점 줄어듭니다. 흔히 '내 일처럼 생각하라'고 말하곤 하는데, 때로는 그와 반대로 나의 일을 남의 일이라 생각하는 것이 자신을 객관적으로 돌아볼 수 있는 지혜로운 주문이 되기도 합니다.

내가 사랑하는 것들,
그들을 이루는 본질이 무엇인지
잊지 않는다

마음을 끌어당기는 것, 유용함을 주는 것, 애착이 가는 것이 있다면 그들이 '본래 어떤 성질의 것인가?'를 항시 의식할 것을 기억하라.

지극히 사소한 것부터 시작해보자. 유난히 아끼는 물항아리가 있다면 "나는 흙으로 빚은 물병을 좋아한다."라고 말해 보라. 그러면 설령 그 물항아리가 깨질지라도 그리 심란하지 않을 것이다. 사랑하는 자식 혹은 아내와 입맞춤을 할 때 '나는 한 명의 (유한한) 인간에게 입을 맞추고 있다.'라고 되뇌어 보라. 그러면 설령 그들이 인간으로서 명을 다해 이 세상을 떠날지라도 그대의 정신은 무너지지 않을 것이다.

《엥케이리디온》제3장

언젠가 사라질 수밖에 없는
존재임을 상기하는 것

꽃이 진다고 마음이 황폐해지는가

소중한 존재, 애착을 느끼는 대상이 영원하기를 바라는 것은
모두의 공통된 소망이지만, 현실은 그렇지 않지요. 형태가 있는
것은 부서지기 마련이고 사랑하는 이와도 언젠가 이별해야 합
니다. 누구나 아는 사실이지만, 냉정한 현실과 허무한 희망 사
이에서 우리는 몇 번이고 상실의 아픔에 마음 찢기곤 합니다.

　에픽테토스는 인간을 괴롭히는 이 같은 슬픔은 삶에서 배제
해야 하며, 그것이 가능하다고 믿었습니다. 그는 이런 슬픔이
생겨나는 이유는 세상이 부조리해서가 아니라, 인간의 태도가
왜곡되어 있기 때문이라고 말합니다. 자연의 이치로 일어나는
일에는 선악이 없으므로 사물을 올바르게 볼 수 있다면 마음이
흐트러질 정도의 격심한 감정에 괴로울 여지가 없다는 거지요.

　하지만 그 같은 경지에 도달하려면 오랜 수련이 필요합니다.
이에 에픽테토스는 누구나 할 수 있는 이미지 트레이닝을 권합
니다. 사소한 것이라도 좋으니 자신이 아끼는 것을 두고 '나는

○○(본질)을 좋아해.'라고 의도적으로 말해 보는 겁니다. 그럼으로써 그것이 본래 어떤 성질의 것인지, 즉 망가지기 쉬우며 언젠가 소멸해도 전혀 이상하지 않다는 당연하고도 냉엄한 사실을 자각할 수 있다는 것이지요.

이러한 기묘한 트레이닝을 실천하고 있는 사람이 과연 있을까요? 고대 그리스의 철학자 아낙사고라스는 아들의 죽음을 알고 "죽어야 할 자를 낳은 것은 처음부터 알고 있었다."라고 담담히 말했다고 합니다. 이 우화를 전한 키케로도 "악이나 불행으로 보이는 사건은 갑작스러울수록 더 비참하다. 그렇기에 어떤 사건에 대한 예상과 준비는 남겨진 자들의 고통이나 슬픔을 더는 데 도움이 된다. 온갖 일이 일어날 수 있음을 염두에 두고, 무언가 사건이 일어나기 전에 '일어날 수 없는 일이란 없음'을 명심하는 것이야말로 탁월한 지혜다."라고 말했습니다.

그렇다고는 해도 현실에서 소중한 이의 죽음에 직면한 사람에게 슬퍼할 필요는 없다고 말하기 실상 어렵습니다. 그런 때를 대비해서 훈련해야겠다고 생각하는 사람도 흔치 않겠지요. 그러나 소중한 사람이나 물건, 그리고 자신조차 언젠가는 사라질 수밖에 없는 존재임을 때때로 상기하는 것만으로도 그들을 대하는 방식은 달라집니다. 불필요하게 무언가에 집착하는 마음도 덜할 것입니다. 언제든 잃어버려도 이상할 것이 없다고 생각해두는 마음은 유사시에 당황하지 않을 뿐 아니라, 지금을 충실히 사는 힘이 되어 줍니다.

무엇에 대해서도
그것을 '잃었다'고 말하지 않기를

그 무엇에 대해서도 결코 "나는 그것을 잃었다."라고 말하지 마라. 차라리 "그것을 되돌려주었다."라고 말하라.

그대의 자식이 죽었는가? 그것은 되돌려준 것이다. 그대의 아내가 죽었는가? 되돌려준 것이다. 땅을 빼앗겼나? 그렇지 않다. 그 또한 되돌려준 것이다. 물론 빼앗은 자는 악인이다. 그러나 애초 그것을 세상에 준 사람(신)이 누구를 통해 그대에게 반환을 요구하든, 그대와는 무관한 일이다.

그대 곁에 있는 대상을 그저 소중히 여기되 어디까지나 언젠가 되돌려주어야 하는 존재임을 기억하라. 마치 여행자가 여관의 어느 방에 머물다 떠나야 하듯이.

《엥케이리디온》 제11장

잃어버린 것이 아니라
되돌려준 것

빼앗겼는가, 되돌려주었는가

인생에서 조우하는 수많은 불행 가운데 가장 큰 불행은 무엇일까요? 이 물음의 대답은 아마도 '사랑하는 사람의 죽음'이 상위를 차지하지 않을까 합니다.

에픽테토스로부터 깊은 영향을 받았던 로마 황제 마르쿠스 아우렐리우스도 그러한 불행을 수차례 겪었습니다. 황후와의 사이에서 열네 명의 자식을 얻었지만, 대부분 일찍 세상을 떠나 성인이 될 때까지 살아남은 자식은 단 여섯뿐이었지요. 의료 기술의 발달로 영유아 사망률이 크게 낮아진 현재에도 아이를 먼저 떠나보내는 비극을 겪는 부모는 여전히 있습니다. 오히려 주변에서 그런 사례를 보는 일이 줄어든 만큼 당사자가 느끼는 충격은 더욱 클지도 모릅니다.

누군가의 죽음으로 인한 슬픔이 생전 고인과 얼마나 친밀한 관계를 맺었느냐와 비례한다는 사실을 생각해보면 가족의 죽음, 더구나 젊은 처자식일 경우는 더할 수 없이 비통할 것입니다. 그리고 이러한 상실의 대상이 인간에만 국한되는 것은 아닙니다. 반려동물과 사는 사람에게 가장 괴롭고 힘든 경험은 반려동물의 죽음일 것입니다. 하물며 오랜 시간 친숙하게 애용하던 물건이 망가져도 사람은 괴로움이나 공허함을 느낍니다. 비록 무생물의 물건일지라도 마치 내 몸의 일부처럼 느껴지는 것들이 적지 않지요.

인생은 다양한 만남과 이별이 거듭되면서 흘러갑니다. 이때 만남의 기쁨은 즉시 알 수 없지만, 이별의 슬픔은 직격탄 같은 강한 충격을 가져오지요. 그래서 에픽테토스는 이별에 대한 관점을 궁극적으로 바꿀 것을 시사합니다. '잃은 것'이 아니라 '되돌려준 것'일 뿐이라고. 그렇다면 대체 누가 주었을까요?

에픽테토스가 내놓은 대답은 '신'입니다. 현대인에게 신을 내세워 무언가를 논하기란 쉽지 않은 일입니다. 자연이나 우주로 바꿔 말해도 쉽게 와닿지 않을 것입니다. 다만 중요한 것은, 여기에는 '소유'라는 사고방식에 대해 근본적인 관점의 전환이 제시되어 있다는 점입니다. 소유하고 있는 것은 처음부터 우리 외부에 있는 것이므로 언젠가는 잃어버릴 가능성이 있습니다. 물론 폭압적으로 내 땅을 빼앗기거나 사기를 당해 잃어버리는 사건이 횡행하는 상황은 정상적인 법치국가에서는 용납될 수 없는 일이지요. 그것은 엄연한 범죄이며 막아야 하는 일입니다.

그러나 아무리 편안하고 안전한 세상에 살지라도 우리는 유한한 존재이며 어쩔 수 없이 무언가를 잃어버릴 수밖에 없음을 인식해야 합니다. 반려동물이든 애지중지하는 물건이든, 지금 소유하고 있는 것은 언젠가 우리의 손을 떠날 것입니다. 그것을 '잃었다'고 생각하면 마음에 커다란 구멍이 뚫린 것처럼 공허한 슬픔에서 벗어나기 힘들지요. 그럴 때 에픽테토스의 제언은 소중한 위안과 힘이 되지 않을까요? 재산은 물론 가족, 생명이란 자신이 영구히 소유한 것이 아니라 '일시적으로 빌린 것'이라고 마음에 새겨둔다면 인생을 바라보는 관점에도 완전히 새로운 방향이 열립니다.

구약성서에서 천재지변과 약탈로 재산과 가족을 모두 잃은 의인 욥도 다음과 같이 말했습니다.

> 내가 모태에서 알몸으로 나왔사온즉 또한 알몸이 그리로 돌아
> 가올지라. 주신 이도 여호와시요 거두신 이도 여호와시오니,
> 여호와의 이름이 찬송을 받으실지니이다.
>
> 《욥기》 1장 21절

신은 주기만 하는 현세 이익적인 존재가 아닙니다. 거두어 가는 이 또한 신입니다. 이런 엄중한 현실 앞에서 에픽테토스의 관점은 동서양의 전형적인 종교 감수성과도 가까워집니다. 기독교적인 관점에서는 인간을 '(현세를) 여행하는 자Homo Viator, 호모 비아토르'라고 정의하기도 했는데, 우연하게도 에픽

테토스 역시 여행자처럼 살아갈 것을 권했습니다. 이런 점이
에픽테토스의 말이 기독교인이나 불교인에게 애독되어 온 이
유이기도 하겠습니다.

이 쾌락을 멀리함으로써
누릴 수 있는
기쁨과 자부심을 떠올린다

어떤 쾌락에 관한 심상이 떠오른다면, 여느 때와 마찬가지로 그 심상에 마음을 빼앗기지 않도록 그대 자신을 감시해야 한다. 그 '즐거움'을 잠시 유예하고, 자신에게 생각할 시간을 주어라.

그다음 두 개의 시간을 떠올려 보자. 하나는 그 쾌락을 누리는 시간. 또 하나는 쾌락이 끝난 후 그것을 후회하고 자기 자신을 탓하는 시간이다. 이 두 개의 시간을 비교함으로써 알게 될 것이다. 쾌락을 멀리했을 때 그대가 얼마나 큰 기쁨을 누리고 자신을 자랑스러워하게 될지를.

설령 지금이 그 즐거움을 취할 절호의 기회처럼 여겨진다 해도, 눈앞의 달콤한 유혹이 그대를 무너뜨릴 수 있음을 기억하고 경계하라. 쾌락에 넘어가지 않고 완전히 이겨냈을 때의 자각이야말로 얼마나 멋진 것인지를 상기하라.

《엥케이리디온》 제34장

쾌락을
멀리하는 이유

쾌락에 도취한 삶은 행복한가

스토아학파는 '어떤 정념이나 욕망에 치우치지 않고, 자기 자신을 잃어버리지 않는 내적 평온의 상태apatheia, 아파테이아'에 이르는 것을 삶의 이상적인 경지로 보았습니다. 그리고 에픽테토스는 스토아학파의 전통적 관점에 따라 인간이 지니는 부정적인 감정을 공포, 고통, 욕망, 쾌락의 네 가지로 나누었는데, 여기서 쾌락이 부정적인 감정에 속한 점이 흥미롭습니다.

우리가 의도적으로 쾌락을 멀리해야 하는 이유는 인간은 향락에 빠지기 쉬운 습성이 있는 데다, 감각적 쾌락에 젖어 정작 나아가야 할 길을 가지 못하면 종국에는 깊은 후회와 고통만 남기 때문입니다. 인간이 괴로움을 느끼는 원인이 가혹한 시련이나 공포 때문만은 아니라는 이야기지요.

그러므로 당장 즐거움을 얻을 수 있다는 이유로 눈앞의 쾌락을 취하고 받아들일 것이 아니라, 잠시만이라도 거리를 둠으로써 냉정히 사고하는 태도를 가지기를 에픽테토스는 권면하고 있습니다.

입에 단 음식을 마구 먹기만 하고 아무 활동이나 운동 없이 몸 편히 지내다 보면, 머지않아 건강에 이상 신호가 나타나기 마련입니다. 마찬가지로 쾌락만을 쫓다 보면 추후 큰 고통 속에 빠질 수 있습니다. 문제는 우리는 이러한 사실을 알면서도 못 본 척 외면하려고 한다는 점입니다.

이에 에픽테토스는 현재의 작은 고통을 의도적으로 택하는 편이 미래의 큰 고통을 피하는 길이라고 재차 강조합니다. 저축이나 절제라는 개념도 이런 원리를 바탕에 두고 있습니다. 금욕적으로 사는 것이 오히려 인생 전반을 즐겁고 행복하게 보내는 것으로 이어진다는 것이지요.

목표를 정해 꾸준히 노력하고 고생한 끝에 큰 성과를 이루는 기쁨은 단순히 먹고 마시고 즐기는 감각적 쾌락과는 완전히 다른 경험입니다. '해냈다', '할 수 있다'라는 성취감은 내면에 단단한 자신감을 심어줍니다. 한시적인 쾌락에 휩쓸려 해야 할 일을 놓쳐 버리고 씁쓸한 후회를 맛보는 결과와는 대조적입니다.

눈앞의 달콤한 유혹보다 그 쾌락에 완전히 승리했다는 자각이야말로 비교할 수 없을 만큼 근사하고 벅찬 감동을 가져온다는 사실을 에픽테토스는 전하고 있습니다.

고난을 각오하고 실행한 후에는
불평과 후회를 남기지 않는다

어느 대단한 권력가를 만나러 가야 한다면 다음과 같은 상황을 미리 떠올려 보자. 그 권력가가 집에 없어서 만날 수 없거나, 문 밖으로 쫓겨나는 박대를 당하거나, 아예 대문조차 열리지 않거나… 그야말로 상대편이 그대를 안중에도 두지 않는 불쾌한 상황이다.

그럼에도 여전히 그 자를 만나야만 한다면, 가서 일어나는 일을 감당하라. 견뎌라. 그리고 혼잣말이라도 그대 자신에게 "이렇게까지 고생할 필요가 있는가."라고 절대 말하지 마라. 그것은 지극히 평범한 자, 외부적인 것에 휘둘리며 분개하고 마는 자의 말투이므로.

《엥케이리디온》 제33장 1, 12, 13절

'예상대로'라고 생각할 수 있다면
덜 흔들릴 것이다

내키지 않는 일에 대하여

로마 제정 시대에는 원로원 의원, 고급 관료, 대농 등 사회적인 권력 계층을 일컫는 파트로네스partrones와 평민 계층인 클리엔테스clientes가 '보호자-피보호자'로서 상호 이익적인 관계를 맺고 있었습니다.

지역의 파트로네스로부터 사회적인 보호와 후원을 받는 대신 정치적인 지지와 유·무형의 물질적 봉사를 행하는 클리엔테스는 무언가 곤란한 사안이 있을 때 파트로네스를 찾아가 의논이나 청원을 하는 것이 관례였습니다. 단, 교통이나 통신이 발달되지 않은 당시에는 미리 약속을 잡거나 일정을 확인하기 어려우므로 수일이 걸리더라도 먼 거리를 무작정 찾아갈 수밖에 없었는데, 정작 해당 파트로네스가 집을 비워 다시 며칠을 기다려야 하는 경우도 흔했습니다.

때로는 자신의 파트로네스 외의 유력가를 찾아가 간청을 하는 일도 있었는데, 이때 문지기나 하인에게 무례한 대접을 받거나 편의를 봐준다는 명목으로 뇌물을 요구받는 일도 많았다고 합니다. 그럴 때 '나는 왜 이런 부당한 대우를 받고 있을까.'라는 한탄도 들었을 겁니다. 이와 비슷한 상황은 오늘날에도 어렵지 않게 찾아볼 수 있지요.

이런 불합리한 상황에 대해 에픽테토스는 '해야만 하는 일을 행했을 때 벌어질 수 있는 불쾌한 일들'을 미리 예상해보기를 권합니다. 싫은 일은 생각조차 하고 싶지 않은 것이 사람 마음인데, 오히려 일어날 법한 부정적인 상황을 구체적으로 떠올려보라는 것이지요. 일종의 이미지 트레이닝인 셈입니다.

내키지 않는 일을 하지 않을 수 있다면 가장 좋겠지만, 꼭 해야만 하는 불가피한 상황도 있는 법입니다. 이왕 그리된 바에는 마음을 다잡고 감수하는 것 외에 선택지는 없습니다. 이때 급작스럽게 불쾌한 상황을 맞닥뜨려 당황하고 분개하기보다는, 예측되는 상황을 충분히 머릿속으로 헤아리고 각오를 해두면 인내도 조금은 쉬울 것입니다. 그럼에도 뒤따르는 고통과 불쾌감은 목적 달성을 위한 최소한의 비용으로 이해합시다.

사람과 사람이 얽히는 이상, 어떤 일이든 즐거운 순간만 있을 수는 없으며 괴롭고 힘든 순간이 더 많을 때도 있습니다. 이때, 발생 가능한 위험이나 부정적 상황을 한 걸음 앞서 예측해두는 것보다 지혜로운 대처는 없습니다. 부정적인 감정에 무방비로 사로잡히기보다는 어느 정도 불합리한 일이 벌어질 수 있음을 각오해두는 것이 평정심을 지키는 힘이 되기도 합니다.

싫은 일을 당해도 '예상대로'라고 생각할 수 있다면 덜 흔들립니다. 여과 없이 불만을 내쏟고 화를 터트려 자기 안의 부정적인 감정을 키우는 대신, 묵묵히 해야 할 일에 집중할 수 있습니다. 그 마음의 여유가 성장의 양식이 됩니다.

제3부

인간관계의 굴레에서
자유로워지는 법

Episode 15 · 나쁜 인상에 이끌려 눈이 가려지면…

만일
감독자가 없으면
어떻게 되겠나?

음...

노예들의
기강과 질서가
어지럽혀지고...

일도
공평하게
돌아가지
않겠죠.

그렇다면 자네에게 있어
안주인님은 싫은 면도 있지만
좋은 면도 가지고 있다는
생각이 들지 않는가?

싫은 면

좋은 면

말을 험하게 하는
얄미운 사람

노예들을 지도하고
질서를 잡아주는 사람

니우스여.
자칫 나쁜 인상에 이끌려
우리의 눈이 가려지면
좋은 면을 보지
못하게 되지.

상처 주는 사람이라는
**편협한 선입관으로
상대방을 바라보는 한
언제까지나 괴로운 것은
자네 쪽이지**
않겠는가?

아..

‘상처받았다’고 생각한 그 순간
비로소 상처받는다

무엇이 적합한 행위인가는 서로의 관계로 측정된다. 여기 한 아버지가 있다. 아버지를 부양하고 모든 면에서 양보하고, 훈계를 듣거나 벌 받음을 참아내는 것이 자식된 자에게 부여된 적합한 행위다. "하지만 그는 나쁜 아버지다."라고 말하는가. 그럼 그대는 본디 '좋은 아버지'가 아닌 그저 '아버지'인 사람과 부자로 맺어진 것이다.

"형제가 나에게 부정을 저질렀다."고 말하는가. 그럴지라도 형제에 대한 그대의 역할을 확고히 지켜라. 형제가 무엇을 했는가를 주목하지 마라. 그보다 그대가 어떻게 행동해야 자연을 따르는 자신의 의지에 부합하는가를 주목하라. 그대가 원하지 않는 한 다른 사람은 그대를 상처입힐 수 없다. 그러나 그대가 '상처받았다'라고 생각하는 그 순간 그대는 비로서 상처입을 것이다.

이런 방식으로 사회적 관계를 차분히 바라보는 데 익숙해진다면 이웃과 동료, 높은 지위의 사람을 대함에 있어 적합한 행위가 무엇인지 발견할 것이다.

《엥케이리디온》제30장

편향된 선입관이
인간관계에서의 고민을 깊어지게 한다

나쁜 인상에 이끌려 눈이 가려지면…

인간관계가 있는 곳이라면 어디든, 자신과 마음이 잘 맞는 사람
이 있는가 하면 그렇지 않은 사람이 있기 마련입니다. 직장, 학
교, 이웃 혹은 가정 안에서도 사정은 다르지 않습니다. 아무리
상사가 얄밉더라도 그의 지시를 받으며 일해야 하고, 진상인 손
님을 상대해야 하고, 말하기조차 싫은 가족과 매일 얼굴을 맞대
고 지내야 하는 상황도 있습니다.

개인차는 있어도 이런 경험이 아예 없는 사람은 드물 것입
니다. 일상의 고민과 스트레스는 대개 인간관계에서 비롯됩
니다. 가령 다른 동료들과 비교해 자신을 대하는 상사의 태도
가 유독 날카로우면 '나를 미워하는 것은 아닐까' 하는 생각에
회사 가기가 꺼려지고 스트레스에 시달리게 되지요.

이런 사람의 입장에서 '상처받았다고 생각하는 순간, 비로서
상처입는다'는 에픽테토스의 말은 왠지 동떨어진 충고처럼 들
릴지 모릅니다. 그러나 상사의 태도에 상처 입었다고 그를 피

하는 방법만 취한다면 관계와 고민은 개선되지 않습니다. 시간이 지날수록 괴로움이 줄기는커녕 깊어질 수도 있습니다.

에픽테토스의 말에 담긴 진의는 타인의 단편적인 언행만 보고, 이 사람과는 맞지 않을 것 같다는 판단을 쉽게 내려서는 안 된다는 것입니다. 여기서 에픽테토스가 '서로의 관계를 차분히 바라보는 데 익숙해진다면'이라는 조건을 달았다는 점에 주목해봅시다. 에픽테토스는 '선입관을 버리고 상대방, 그리고 서로의 관계를 이해하려고 노력하고 있는가'를 묻고 있습니다. 매일 얼굴을 마주하는 사이라도 타인의 모든 것을 알지는 못합니다. 그럼에도 우리는 '저 사람은 저 때 이런 식으로 행동했으니까'라는 일면만으로 상대를 좋아하기도 하고 미워하기도 합니다. 그리고 일단 나쁘다고 판단해버린 사람의 행동은 이후에도 좀처럼 중립적으로 볼 수 없게 됩니다. 그러면 상대방의 좋은 면은 점점 더 보이지 않게 되고 관계 개선은 요원해지지요.

우리는 직장 상사나 동료, 친구, 가족처럼 가까운 관계에 있는 사람을 얼마나 이해하고 있을까요? 일상적으로 얼굴을 마주하고 있다는 사실만으로 뭐든지 다 안다고 착각하는 것은 아닐까요? 인간관계의 갈등을 푸는 실마리를 찾기 위해 상대와 나는 어떤 관계인가를 다시 자문해봅시다. 일단 상대에 대한 선입관을 깨끗이 거두고 서로의 관계를 재조명해 본다면 '더는 이런 사람과는 어울릴 수 없어.'라는 결론 이외의 답을 찾을 수 있을지 모릅니다.

자기 자신에게
보이는 모습만으로 괜찮다
그것으로 충분하다

누군가의 마음에 들려는 생각으로 외부적인 것에 눈을 돌려버리면, 그대가 세운 삶의 계획을 스스로 망가뜨릴 수 있음을 깨달아야 한다.

그러므로 모든 것에 대하여 그대가 철학자라는 사실에 만족하라. 혹여 철학자의 모습으로 보이는 것까지 바라는가? 그렇다면 다른 누구도 아닌 그대 자신에게 그렇게 보이도록 힘쓰라. 그것으로 충분하다.

《엥케이리디온》 제23장

과도한 인정 욕구가
나 자신을 노예로 만든다

모두에게 미움받고 싶지 않아

좋아하는 사람이나 소중한 사람에게 관심과 사랑을 받고 싶은 마음은 누구나 매한가지일 것입니다. 단 누군가를 사랑하는 것은 내 마음에 달려 있지만, 남으로부터 사랑받는 것은 이야기가 다르지요. 내가 지극정성으로 마음을 쏟는다고 해서 상대도 마찬가지로 나를 좋아해주리란 보장은 없습니다.

한편 우리가 화장이나 옷차림에 신경을 쓰는 이유는 기능적인 필요와 기본 예의를 갖추기 위함이기도 하지만, 타인의 시선을 의식해 자신을 더욱 아름답고 멋지게 내보이기 위한 욕구에서 비롯된 행동이기도 합니다. 사람들은 다양한 인간관계를 맺는 과정 속에서 '사랑받고 싶다', '저 사람의 마음에 들고 싶다'는 인정 욕구를 느낍니다. 그리고 극히 자연스러운 이 욕구가 충족되지 않을 때 슬픔과 좌절, 무력감을 느끼고 인생의 냉엄한 현실을 깨닫기도 하지요.

그런데 이 인정 욕구가 지나치면 다른 문제가 생깁니다. 어떻게든 누군가의 마음에 들고 싶다고 강하게 바라는 순간 그 사람은 노예와 다름없는 처지에 놓입니다. 어느 틈엔가 자신의 행동 원리를 남의 손에 쥐어주게 되지요. 이런 사람들은 자신의 감정이나 좋고 싫음을 감추고 타인의 기분에 따라 우왕좌왕하다 보니 본연의 성향을 짓누른 개성 없는 사람이 되고 맙니다. 겉으로는 순종하면서 속으로는 딴마음을 먹거나 이중인격 혹은 기회주의자의 면모를 보이기도 하지요. 그런 의미에서 노예제가 딱히 과거의 유물이라고 단언할 수는 없겠습니다.

에픽테토스는 자신이 어떠한 모습으로 비치기를 원한다면 다른 사람이 아닌 자기 자신에게 그렇게 보이도록 노력해야 한다고 말합니다. 남으로부터의 평판을 신경 쓴 나머지 자기 자신을 잃어버리는 일 없이, 진정으로 자유로워지기를 강조한 것이지요. 생애의 상당 기간을 예속된 노예의 신분으로 살았던 그였기에 해방 후 무엇보다도 '진정으로 자유로운 삶의 방식'을 자각적인 관점에서 추구하려 했는지도 모르겠습니다.

일에서든 사생활에서든 남들에게 오해를 받거나 사실과 다른 평가를 받을 때도 있을 것입니다. 하지만 그 같은 타인의 평가에 집착하지 않으며, '잘 보이고 싶다'는 욕망에 휩쓸리지 않는 것. 그것이야말로 에픽테토스가 말하는 철학자의 모습이 아닐까 합니다.

단편적인 사실만으로
'나쁘다, 잘못되었다'
섣불리 판단하지 않는다

누군가가 목욕을 빨리 끝내는 것을 보고 "저 사람은 목욕
하는 방식이 잘못됐다."라고 말하지 마라. 그저 "목욕을 빨
리한다."라고 말하라. 어떤 이가 술을 많이 마시는 것을 보
고 "저 사람은 술 마시는 버릇이 나쁘다."라고 말하지 마라.
그저 "술을 많이 마신다."라고 말하라.

당사자의 생각(의지)을 제대로 식별하지 못하면서 어찌
나쁘다, 잘못되었다 판단하는가? 이를 명심하고 신중을 기
한다면 일면의 사실로 파악한 심상만으로 그와는 별개의
항목(가치)을 단정하는 이상한 태도를 취하지는 않을 것
이다.

《엥케이리디온》 제45장

독선적인 정의감을
휘두르지 않는다

거리에서 잠든 취객은 어떤 사람인가

고대 로마인은 목욕을 유달리 즐겼다고 전해집니다. 수도 로마는 물론이고 제국 각지에 대규모 공중목욕탕이나 온천이 있었습니다. 요즘으로 치면 공중목욕탕보다는 더 규모가 큰 종합 레저타운을 연상하는 편이 적절하겠습니다. 고대 로마 도시가 있던 터키의 지역에는 '카라카라'나 '트라야누스' 등 황제의 이름을 딴 목욕탕 유적이 여러 군데 보존되어 있으며, 영국의 '바스Bath'나 독일의 '바덴Baden' 같은 지명에도 그 흔적이 남아 있습니다.

입욕은 의식도 무엇도 아닌 지극히 개인적인 행위이므로 입욕하는 시간도 취향에 따라 다르지요. 사람마다 탕에 잠깐 들어갔다 나오기도 하고 오랜 시간 몸을 담그기도 합니다. 옛 기록에 의하면 온종일 탕에서 지낸 사람도 있었다고 합니다. 어쨌든 서둘러 목욕을 하다 보면 급히 수염을 깎는 것과 마찬가지로 구석구석 말끔히 씻지 못하는 수가 있기는 하겠습니다.

그래서 깔끔한 것을 따지는 사람의 시각에서는 공동으로 이용하는 목욕탕에서 짧게 목욕을 끝내는 모습이 빈축을 사는 행동으로 느껴지기도 했나 봅니다.

'저 사람은 입욕 방식이 글렀다.'와 비슷한 잣대로 말하는 예는 지금 우리 주변에서도 쉽게 찾아볼 수 있습니다. 사람들은 타인의 행동이 자신과 다르기만 해도 비난을 표출하곤 합니다. 공동주택에 사는 주민들 사이에서 "저 집은 쓰레기 배출을 이상하게 해."와 같은 이야기가 오가는 것은 흔한 일로, 스트레스와 갈등의 원인이 됩니다. 부부 간에 '배우자가 방을 치우지 않는다, 적극적으로 육아를 분담하지 않는다'라든가, 친구 사이에서 '시간을 지키지 않는다, 약속을 지키지 않는다'는 식의 불만을 토로하며 상대방을 나쁜 사람으로 몰아세우는 것 역시 흔하게 듣는 이야기입니다. 즉 몇 가지 사실을 곧바로 선악의 개념과 연결지어 자연스럽게 그 사람을 평가하곤 하는 것이 지금 우리가 하는 일입니다.

그러나 찬찬히 돌이켜봅시다. 대체 무엇을 기준으로 행위의 선악을 판단하는 것일까요? 여기에는 행위 당사자가 무엇을 의도했는지, 동기나 목적이 무엇인지가 대단히 중요할 것입니다. 그렇다면 당사자의 의도를 정확히 파악하지도 못한 채 그 사람의 일면만 보고 행위의 선악을 판단하는 게 과연 적절할까요?

누군가의 유별난 행동이 주변 사람에게 불쾌감을 유발할 수 있음은 사실입니다. 하지만 그것을 무조건 나쁘다고 속단해도 되는 것일까요? 상식 앞에 멈춰 서서 던지는 에픽테토스의 질문은 실로 단순하고 소박합니다. 비난받는 이의 행동에 무슨 이유나 사정이 있는지는 아무도 모릅니다. 습관의 차이일 수도 있고 충분히 교육받지 못해 예법을 잘 모르기 때문일 수도 있습니다. 만약 일종의 무지 때문에 부적절한 행동을 했다면 거기에는 고려할 만한 사정이나 당사자의 반성에 따라 개선될 여지가 있습니다.

단편적인 사실만으로 성급히 전체를 평가하는 일상의 태도를 점검하고 사실 판단과 가치 판단을 혼동하지 말아야 합니다. 문제는 행위 자체가 아니라 행위자의 의도나 동기입니다. 이를 두고 에픽테토스는 '당사자의 생각도그마을 식별한다.'라고 표현했습니다.

이는 우리의 오감에도 적용됩니다. 우리 마음에는 감각이나 기억을 통해 실로 다양한 이미지가 흘러들어옵니다. '방 안은 조금 덥고, 창밖으로 태양이 눈부시게 빛난다. 지금 막 마신 커피는 조금 씁쓸하고, 시계를 보니 정각 오후 2시를 가리키고 있다.'

이러한 다양한 '인상phantasia 판타지아'은 대개 사실을 그대로 비추는 듯이 보이지만, 모든 것이 그대로의 진실은 아닙니다. 착각이나 착시를 일으켜 자칫 잘못된 판단을 유발하는 인상도 있습니다. 가령 컵의 물에 비스듬하게 넣은 막대기는 굽은 듯이 보이고, 어떤 소리가 조금씩 커지면 그것만으로도 뭔가가 다가오는 상상을 하게 됩니다.

우리가 별다른 의식 없이 매일 떠올리는 상상이나 느낌, 판단 앞에서 에픽테토스는 다시금 성찰의 눈을 돌릴 것을 주문합니다. '사실을 파악하는 곳에서 멈춰라. 거기에서 한 걸음 나아가 선악의 가치 판단은 더 신중하게 하라.'라고 말이지요.

올바르게 인식하는 것, 적어도 잘못된 판단에 빠지지 않도록 신중해지는 것. 예나 지금이나 독선적인 정의감을 휘두르지 않고 다른 사람의 행동을 관용할 수 있는 길입니다.

값을 치르지 않고
얻기를 바라는
어리석은 생각을 품지 않는다

우리에게 달려 있지 않은 것을 손에 넣고자 할 때, 남들과 같은 노력을 쏟지 않으면서 같은 것을 요구할 수는 없음을 기억하라. (중략)

누군가의 연회에 초대받지 못했는가? 그것은 그대가 연회의 주인에게 만찬만큼의 값을 치르지 않았기 때문이다. 연회의 주인은 자신을 향한 칭찬, 관심 혹은 친절과 맞바꾸어 식사를 내놓은 것이다. 만찬에 참석하길 원한다면 그대도 응당한 대가를 치러야 한다. 그럴 의지가 없음에도 대접받길 원한다면 그대는 탐욕스럽고 어리석은 자다.

그런데 만찬에 초대받지 못한 그대는 아무것도 얻은 것(가진 것)이 없다고 말하는가? 그렇지 않다. 그대는 칭송하고 싶지 않은 상대를 추켜세우는 일이나, 그의 집 문지기들의 무례를 참아내는 수고를 하지 않아도 되지 않았는가?

《엥케이리디온》 제25장

불공평에 대처하는
에픽테토스식 사고방식

정녕 아무것도 갖지 못하였는가

직장이나 학교 혹은 가정에서도 예외일 것 없이, 무릇 여러 인간관계가 이루어지는 공간에 있다 보면 자신과 비슷한 입장에 놓인 사람과 자신의 처지를 비교하기 마련입니다. 그 속에서 자신만 부당하게 소외된 것은 아닌지, 미움받는 것은 아닌지, 차별받는 것은 아닌지 염려하는 피해 의식이 생겨나기도 합니다.

이번 이야기는 아마 그런 경험을 바탕으로 세상의 불공평이나 부조리를 호소하는 사람에게 에픽테토스가 건넨 조언일 것입니다. 당시 로마 사회에서는 부나 지위가 있는 유력가파트로네스의 집으로 매일 아침 피보호자인 클리엔테스고객을 뜻하는 '클라이언트'의 어원가 찾아가 다양한 청탁이나 상담을 하는 관습이 있었습니다126쪽 참조.

유력가의 집을 방문한 사람들은 우선 대문 안쪽의 뜰에서 순서를 기다리다가 자기 차례가 되면 시종의 안내를 받아 집무실에서 주인과 면담할 수 있었습니다. 요즘으로 치면 병원 대기실과 진찰실을 상상하면 되겠습니다. 그런데 아무리 시간이 흘러도 차례가 돌아오지 않거나, 뒤에 온 손님이 자신보다 먼저 안에 들어간다면 '저 사람은 우대하고 나는 왜 차별하는 건가. 같은 피보호자 입장인데 불공평하다.'와 같은 불만이 생길 것입니다.

그런데 이처럼 '불공평하다'는 불만과 억울함을 품은 자를 훈계하는 에픽테토스의 태도는 실로 냉정합니다. 현대를 사는 우리도 결혼 피로연에 누구를 초대할지, 여행 선물은 누구에게 줄지 등 때때로 지인들을 구분 지어 생각합니다. 회사 상사든 동료든 친구든, 어떤 자리에 초대를 받거나 선물 받는 대상이 되느냐 되지 않느냐의 여부는 그에 앞서 이뤄진 개인의 노력과 상호 관계에 달려 있습니다. 즉 상품의 매매처럼 행위나 혜택의 상호 교환이 행해지고 있다는 뜻입니다.

예를 들어 자신은 받지 못한 선물을 누군가가 받았다면 그 사람은 아첨이든 봉사든 무언가 선물을 받을 만한 대가를 치렀을 것입니다. 달리 말해 누군가가 선물 받지 못한 이유는 선물 받은 사람과 같은 행위노력를 하지 않았기 때문입니다. 그런데도 "나만 선물을 받지 못했어."라고 한탄하는 사람은 에픽테토스의 관점에서 보면 욕심 많고 어리석은 자에 지나지 않습니다. 레스토랑에서 돈을 내지도 않고 못 먹었다고 투덜대는 것이나 다름없기 때문입니다.

흥미로운 점은 여기서부터입니다. 선물을 예로 들면 에픽테토스는 이렇게 자문자답하고 있습니다. "선물을 받지 못한 사람은 정말로 아무것도 얻지 못했는가? 그렇지 않다. 선물을 못 받은 사람은 칭찬하고 싶지 않은 상대에게 원치 않는 아부를 하지 않아도 되지 않았는가?"

언뜻 불공평한 대우를 받았다고 여겨질 때 에픽테토스의 사고방식을 떠올려 봅시다. 다른 누군가와 비교할 때 불공평하다고 느껴지더라도 대신 자신은 '원치 않는 아부'를 하지 않아도 되었다고 생각을 전환하는 것이지요. 그럼으로써 부정적인 감정을 멀리하고 마음의 평정심을 유지할 수 있다면 그것만으로도 나에게 좋은 일이 아닐까요.

Epictetus

형제가 부정을 저질렀을 때
'부정을 저지른 자'라는 일면으로
바라보지 않는다

모든 일에는 두 개의 '손잡이'가 존재하는데 이중 한쪽은 문제를 옮길 수 있는 손잡이지만, 다른 한쪽은 옮길 수 없는 손잡이다.

만일 그대의 형제가 부정을 저지른다면 '부정을 저지른 사람'이라는 측면(손잡이)에서 그를 붙잡지 마라(그것으로는 문제가 움직이지 않으므로). 차라리 '그는 형제', '함께 자란 사이'라는 다른 측면에서 붙잡도록(파악하도록) 시도하라. 그러면 그대는 그 문제를 옮길 수 있는 손잡이를 잡게 될 것이다.

《엥케이리디온》 제43장

가로막힌 관계와 갈등을
타개하는 길

그는 형제인가, 도둑인가

'부모와 자식은 끊으려야 끊을 수 없는 천륜'이라는 말이 있습니다. 배우자나 친구는 선택할 수 있지만 부모만큼은 선택할수 없습니다. 형제자매도 마찬가지지요. '저 사람과 나는 도저히 어울릴 수 없겠다'고 여겨지는 상대가 있을 때 가장 힘들고 곤란한 상황은 그 사람이 가족 중 한 명인 경우가 아닐까 합니다.

고대 문학작품에도 혈연 간의 갈등과 비극을 묘사한 예는 적지 않습니다. 구약성서에서는 형 카인이 동생 아벨을 시기해서죽인 것이 인류 최초의 살인이라 말하고 있으며《창세기》4장 8절, 가장 오래된 그리스 문학에서는 유산 상속을 둘러싼 음모를 꾸며 형의 몫을 약탈한 태만하고 못된 동생 페르세스를 훈계하는 헤시오도스의 교훈시《일과 나날》를 찾아볼 수 있습니다.

에픽테토스의 주위에도 가족 간에 벌어진 소송이나 갈등에관한 고통을 호소하는 제자들이 많았을 것입니다. 예나 지금이나 상종하고 싶지 않다고 해서 편히 그럴 수 있는 사이가 아니기에 더 어려운 관계가 가족이지요. 오늘날에도 가족 간의 문제는 여전히 풀기 어려워, 신문이나 TV 프로그램에서 다루는 인생 상담의 단골 소재가 됩니다.

에픽테토스는 이런 갈등에 대처하는 방법을 두 개의 손잡이에 비유했습니다. 모든 문제는 두 가지 측면 손잡이으로 바라볼 수 있는데 한쪽은 '문제를 해결할 가능성이 높은 측면'이고, 다른 한쪽은 '문제를 제대로 풀어나가기 어려운 측면'으로 이해할 수 있습니다. 좀 더 직관적인 예로 칼이나 도끼 같은 쇠붙이를 떠올려 봅시다. 칼은 양쪽이 각각 손잡이와 날로 이루어져 있습니다. 예리한 날 부분으로는 칼을 휘두르기는 커녕 제대로 잡지도 못하지요. 붓이나 펜 같은 필기구도 마찬가지고, 야구 방망이나 테니스 라켓도 제대로 된 손잡이 부분을 잡아야 정상적으로 활용할 수 있습니다.

가족이나 친구, 직장 동료 등의 인간관계에서도 올바른 손잡이가 존재합니다. 하지만 우리는 본연의 관계 올바른 손잡이 이상으로 상대에게 지나친 요구를 하거나 바란 나머지 스스로 칼날 끝 문제를 다룰 수 없는 손잡이을 잡아버리는 상황을 초래하곤 합니다.

그럼 도대체 어떻게 하면 좋을까요? 에픽테토스는 가족 간의 갈등처럼 풀기 힘든 문제 앞에 놓일 때 기본으로 돌아갈 것을 주문합니다. '상대방과 나는 본디 어떤 관계를 맺고 있는가'라는 기본적인 인간관계손잡이를 다시 한 번 살펴보는 것입니다. 앞선 에픽테토스의 말에 따르면 서로 간의 관계에 따라 적합한 행위의 범위가 정해집니다. 상대방이 어떤 유형의 사람이든 '내가 저 사람의 아버지라면, 아들이라면, 아내라면' 등의 관계에 따라 해야 할 행동이 정해집니다. 이를 명확히 되짚어보는 것이 현재 가로막힌 인간관계를 타개하는 길이라고 말합니다.

현재의 갈등과 문제를 일으킨 장본인이라는 단적인 관점으로만 바라볼 것이 아니라, 상대방에 대한 책임과 의무 혹은 고마웠던 마음 등도 함께 검토해야 합니다. 그처럼 종합적으로 헤아리다 보면 부정적인 감정에 압도되었을 때와는 조금 다른 태도로 상대방을 대할 수 있는 여유가 생깁니다.

'그것만으로 정말 문제가 해결될까?' 이렇게 의구심을 가질 수도 있겠지요. 하지만 상대와의 관계에서 최근 있었던 분란과 그로 인한 불쾌한 감정에만 매몰되면 과거의 좋은 경험은 잊어버리기 마련입니다. 이때 다른 손잡이를 생각해보는 것이야말로 감정의 폭주를 막을 수 있는 분명하고 효과적인 방법이 아닐까요?

원전에서 '옮길 수 있다'로 표현된 부분은 '참을 수 있다'로도 풀이할 수 있는데, 에픽테토스 역시 그런 이중적인 의미를 뜻했는지도 모르겠습니다. 끊으려야 끊을 수 없는 인연이기에 섣부른 단정은 금물입니다.

Epictetus

타인도 자신도,
비난하지 않는 것이
교육받은 사람의 행동이다

자신이 불행한 원인을 두고 다른 이를 비난하고 원망하는 것은 교육받지 못한 사람의 행동이다. 자기 자신을 비난하는 것은 이제 교육받기 시작한 사람의 행동이다. 다른 사람도 자신도, 비난하지 않는 것은 교육받은 사람의 행동이다.

《엥케이리디온》제5장 5b

타인이나 자신을 향한 섣부른 비난은
올바른 인식을 흐린다

금세 기뻐하거나 금세 낙담하기보다는…

사고나 실패 등 뜻하지 않은 불행에 직면했을 때, 사람들은 그 원인을 다른 사람의 탓으로 돌리고 싶어지기 마련입니다. '졸업 논문을 쓰지 못한 건 교수님이 제대로 지도해주지 않아서야.', '거래가 성사되지 않은 이유는 팀장님의 무능 때문이야.'라는 식이지요. 자신의 책임은 묻어두고, 주변에 있는 타인에게 책임을 전가하려고 합니다. 유치한 반응이지만, 어떻게 보면 인간 심리의 공통된 경향이라고도 할 수 있습니다.

물론 타인의 잘못을 냉철히 따져 합당한 책임을 묻는 것이 중요한 때도 있습니다. 의료 사고나 관료의 부정 행위를 내부 고발함으로써 원인을 규명하고 더 큰 부조리가 일어나지 않도록 막는 것처럼 꼭 필요한 일도 적지 않습니다.

《담화록》을 읽어보면 에픽테토스의 학교에서도 여러 사례를 들어 실패나 불행에 대한 책임을 어떻게 바라봐야 할지 활발한 토론이 이루어졌음을 짐작할 수 있습니다. 169쪽의 원문에서 말한 '교육받지 못한 사람 → 타인을 비난한다', '교육받기 시작한 사람 → 자신을 비난한다', '교육받은 사람 → 타인도 자신도 비난하지 않는다'의 세 가지 태도는 에픽테토스의 학교에서 실천되어 온 지적·도덕적 발달 과정을 보여주는 지표이기도 합니다.

에픽테토스에 의하면, 어떤 일이 다행인지 불행인지 결정하는 것은 객관적인 사실보다는 개인이 그것을 어떻게 평가하는냐에 크게 좌우된다고 합니다. 하지만 대다수의 사람은 무심결에 가치 판단을 하는 자신을 깨닫지 못합니다. 사건을 냉정하게 바라보면 단순히 누가 나쁘다고 탓할 수도 없으며 나쁜 쪽은 실은 본인일 수도 있습니다.

철학을 배우고 그 사실을 깨달아 자신에게 원인이 있다고 사고하는 태도는, 문제의 원인을 함부로 남의 탓으로 돌리는 몰상식한 태도에 비하면 한결 도덕적으로 성장한 모습이라고 볼 수 있습니다. 그런데 흥미롭게도 에픽테토스는 이 단계 또한 '배우기 시작하는 단계교육받기 시작한 자'라고 표현합니다. 자기 자신에게 책임을 묻고 비난하는 태도도 아직 충분하지 않다고 본 것이지요.

왜일까요? 에픽테토스는 '자기 자신에 대한 비난'과 '진정한 반성'은 언뜻 비슷해 보이지만, 다르다고 생각했기 때문입니다. 설령 불행한 일처럼 느껴지는 사건일지라도 그것은 일면에 지나지 않으며 다른 관점이 있을 수 있습니다. 시간이 지나고 보면 실패나 불행이 오히려 의미를 지닐 수 있으며, 그 반대도 마찬가지입니다.

어느 쪽이든 타인이나 자신을 성급하게 비난하는 것은 올바른 인식을 흐리게 만듭니다. 당사자일수록 더욱더 냉정하게 사실을 바라보고, 안이하게 타인이나 자신을 비난하지 않는 성숙한 관점을 지녀야 한다는 것이 에픽테토스가 지향하는 교육의 목표였습니다.

다만 교육받은 자의 태도가 '이 불행은 누구의 탓도 아니다.' 라며 모호하게 책임을 흐리는 것을 뜻하지는 않습니다. 에픽테토스라면 '자신에게 관대한 것 또한 사실을 인식하는 눈을 흐리게 하는 것'이라며 꾸짖을 것이 틀림없으니까요.

일단 감정은 내려놓고 사실을 사실로 받아들이는 것. 당황해서 일희일비一喜一悲하지 않는 것. 그 경지에 이르기 위한 첫걸음으로써 타인도 자신도 비난하지 않는다는 에픽테토스의 충고를 마음에 담아 두었으면 합니다.

제 **4** 부

진정으로 성장하고
잘 사는 법

Episode 21 · 성장하고 나아간다는 것

알겠는가, 니우스여.

인간이란 자신의 교만이나 고정관념, 편견을 알아채기 힘든 법이지.

하지만 그런 것을 가지고 있으면 사물을 제대로 인식할 수 없다네.

그렇게 되면 자네는 지금까지 배워온 것을 과연 실천할 수 있을까?

그러지 않기 위해 자신의 마음에 항상 주의를 기울여야 해.

그것이 진정한 의미에서 성장하고 나아가는 것, 즉 '진보'하는 것이라네.

과연... 저는 아직 멀었네요.

마치 은밀히 숨어서
기다리는 적처럼
자기 자신을 감시한다

진보하는 사람의 징표. 그는 누구도 탓하지 않는다. 누구도 과찬하지 않고, 누구도 비난하지 않는다. 누구도 책망하지 않으며 자신이 뛰어난 사람인 양, 뭔가를 잘 아는 양 내세우는 법이 없다. 다른 이에게 방해받거나 훼방 당할 때는 (상대가 아니라) 자기 자신을 책망한다.

설령 누군가가 자신을 치켜세워도 마음속으로는 그것을 자조한다. 비난받아도 변명하려 들지 않는다. 마치 이 사람은 완치 전 회복 단계의 신체 하나하나를 움직이는 데 조심스러운 환자처럼 신중히 행동한다.

모든 욕망을 자신으로부터 멀리 둔다. 혐오의 대상은 우리에게 달려 있는 것 중에서 자연에 반하는 것만으로 한정한다. 어떤 것에 대해서도 "반드시 이러이러해야 해."라는 말에 속박되지 않는다. 어리석고 무지하게 보이는 것을 개의치 않는다. 요컨대 마치 은밀히 숨어서 기다리고 있는 적인양, 자기 자신에 대한 경계를 늦추지 않는다.

《엥케이리디온》 제48장

자기기만이야말로
부정적인 감정의 근원이다

성장하고 나아간다는 것

어떻게 하면 자기기만에 빠지지 않을 수 있을까. 에픽테토스의 철학은 이 점에 집중합니다.

자기기만의 사전적 의미를 살펴보면 '스스로를 속인다는 뜻으로, 자신의 신조나 양심에 벗어나는 일을 무의식중에 하거나 의식하면서도 강행하는 것'이라고 설명하고 있습니다. 쉽게 말해 '자기 입맛대로 해석한다'는 뜻으로 이해할 수 있겠습니다.

인간에게는 인정 욕구가 잠재해 있어, 자신을 긍정하고 싶다는 무의식적인 동기가 어딘가에서 작용합니다. 그래서 자신에 대한 평가는 아무래도 타인에 대한 평가보다 관대해지기 쉽습니다. 좋은 평가는 환영하고 나쁜 평가는 무시하기 쉬우며 보고 싶은 것만 보는 결과를 초래하기도 하지요. 이것이야말로 자기기만인 상태입니다.

에픽테토스는 왜 자기기만에 빠지지 않도록 경계하라고 했을까요? 자기기만이야말로 부정적인 감정의 근원이 되기 때문입니다. 자기 입맛에 맞게 해석한다는 것은 곧, 고정관념이나 편견을 경계하지 않고 잘못된 인식을 하는 상태에 있음을 뜻합니다. 그런 상태에서는 우리에게 달려 있는 것과 그렇지 않은 것을 올바르게 구분할 수 없습니다. 자기기만에 빠지는 것은 스스로 진흙탕에 발을 들이미는 것이며, 그 결과 여러 부정적인 감정에 사로잡히게 됩니다.

그렇다면 자기기만에 빠지지 않기 위해서는 어떻게 해야 할까요? 에픽테토스는 '몸을 숨기고 기다리는 적인 양 자기 자신을 감시하라'는 다소 섬뜩한 표현으로 조언하고 있습니다. 자기기만에 빠지지 않도록 자신에 대한 경계와 성찰의 눈을 번득여야 한다는 것이 에픽테토스가 말하는 바의 핵심입니다.

우리는 일상생활에서 자타를 향해 수많은 평가를 내립니다. 뉴스를 보며 누군가를 깎아내리고 친한 사람끼리 모이면 이 사람 저 사람에 대한 평판을 거리낌 없이 주고받습니다. 자신에 대해서도 '이번에 실적이 좋았으니 상사도 아마 좋은 평가를 해주겠지.'라고 무의식중에 평가하곤 하지요.

이처럼 무분별하게 평가하는 태도를 하루아침에 갑자기 고칠 수는 없지만, 자신이 내린 평가가 무엇에 근거를 둔 것인지 거기에 고정관념이나 편견이 섞여 있지는 않은지 돌이켜볼 수 있지는 않을까요? 그로 인해 자기 안의 고정관념이나 편견의 싹을 조금이라도 발견하고 이를 멀리하는 노력을 기울인다면 그것이야말로 성장과 진보의 첫걸음이 될 것입니다.

사람은 누구나
지위와 명예, 재산,
육체, 용모 등을
자랑하고 싶어 하지.

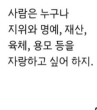

엣헴~
대단하지!

자랑이던
근육이···

40년 후

하지만 니우스.
그것들을 정말로
자신의 것이라고
말할 수 있을까?

자네는 늘
마음속에 떠오르는
다양한 일을
곰곰이 생각하고
판단하지?

우리에게
달린 것인가?

우리에게
달린 것이
아닌가?

그런 의지야말로
유일하게 자신이 어떻게든
할 수 있는 것이며,
진정으로
나 자신의 것이거든.

니우스여.
다시 한 번
묻겠네만.

자네에게
자랑할 수 있는 것이
있는가?

네!

있습니다.

'내가 아닌 것'을 내세워
으스대지 않는다

어떤 것이든 그대 자신이 아닌 다른 대상의 장점을 내세워 잘난 척하지 마라. 만일 한 마리의 말(馬)이 자랑스러운 얼굴로 "나는 아름답다."라고 말하는 것은 참을 만하다. 그러나 그대가 우쭐한 어조로 "나는 아름다운 말을 가지고 있다."라고 말한다면, 그대는 말의 장점으로 거만을 떨고 있을 뿐임을 자각해야 한다.

그렇다면 '그대 자신의 것'은 과연 무엇인가? 그것은 바로 '심상을 사용하는 것'이다. 그대가 심상을 사용하는 것이 자연(본성)에 부합한다면 그때는 마음껏 의기양양해도 좋다. 그것이야말로 그대가 지닌 진정한 장점을 자랑스러워하는 것이므로.

《엥케이리디온》 제6장

자신이 아닌 것을 자랑하고자 하는
착각과 어리석음을 경계한다

진정으로 자랑할 수 있는 내 것이란

우리는 걸핏하면 '나 아닌 것'을 자랑하곤 합니다. 과거 급속한 경제 성장과 함께 투기 열풍과 소비 문화가 횡행하던 시기에 일각에서는 고가의 명품 차를 타고 다니는 것이 이성에게 인기를 끄는 필수 조건처럼 여겨지던 때가 있었습니다. 하지만 당연하게도 멋진 것은 자동차이지, 그 자신은 아니지요.

이런 심리는 예나 지금이나 마찬가지입니다. 에픽테토스 시대의 멋진 차는 말이었습니다. 당시 사람들에게 말은 무엇보다 신속하게 이동할 수 있는 수단으로, 아름다운 갈기와 좋은 혈통의 말을 소유한 사람은 아무래도 과시하고 싶은 마음이 들었을 것입니다. 이를 두고 에픽테토스는 다음과 같이 꼬집어 말합니다.

그대가 우쭐한 어조로 아름다운 말을 가지고 있다고 말한다면
그대는 말의 장점으로 거만을 떨고 있을 뿐임을 자각해야 한다.

아름다운 것은 '말'이지 소유하고 있는 자신이라 착각하지 말라는 뜻이지요.

이는 비단 타는 것에 그치지 않습니다. 도심 최상에 위치한 저택에 살고 있다거나, 고가 브랜드 옷이나 가방을 갖고 있거나, 나아가 아름다운 아내나 성공한 자녀가 있는 등 높은 지위와 자산을 소유하는 것이 그 사람의 가치를 결정한다고 우리는 생각하기 쉽습니다. 소유한 대상이 많으면 많을수록 행복한 생활을 할 수 있다고 믿으며, 직종이나 일의 내용은 불문하고 그것 _{더 많이 소유하는 것}을 가능케 하는 연봉의 액수만이 중요시됩니다. 에픽테토스는 말을 예로 들어 이러한 세상의 상식에 제동을 겁니다. 우리의 소유물이 아무리 훌륭한 가치를 지닌다 해도, 그것과 나 자신의 장점은 별개임을 강조합니다.

그렇다면 진정한 의미에서 '내가 가진' 장점이란 무엇일까요? 그것은 나 자신과 떼어낼 수 없는 것, 잃어버릴 가능성이 없는 것, 나의 존재 방식의 일부를 구성하는 것이어야 합니다. 소유물이 아니라고 한다면 집안, 학력, 외모, 건강과 같은 것일까요? 아니면 명예나 업적, 친구, 지식이나 경험, 성품, 덕성 등의 조건일까요?

다양한 인간적 조건을 모두 뒤로하고 에픽테토스의 답은 의외로 단 하나, '심상을 바르게 사용하는 능력'에 초점을 맞춥니다. 심상을 바르게 사용한다는 것은 자신의 마음과 의식의 작용이 적절한지 아닌지를 판단하는 것, 즉 앞에서도 말했듯이 자기기만에 빠지지 않는 것입니다. 자신의 관점에 편견이나 고정관념이 섞여 있지 않는가? 욕망을 적절히 억제할 수 있는가? 이렇게 사고하는 마음의 작용이야말로 스스로 선택하고 조절할 수 있는 유일하고도 최후에 자리한 거점입니다.

무언가를 자랑하거나 과시하는 사람 대다수는 자신이 아닌 다른 뭔가를 내세워 착각하는 것에 지나지 않습니다. 진정 나 자신의 장점이라 자랑할 수 있는 때는 마음의 작용을 올바르게 유지하는 순간임을 잊지 말아야 합니다.

Epictetus

우리의 관심은 오롯이
자신의 마음을 향해야 한다

예를 들어 과도하게 몸을 단련하거나, 많이 먹거나, 많이 마시거나, 많이 배설하거나, 성적 쾌락에 몰두하는 등 육체와 관련된 활동에 많은 시간을 쏟는 것은 어리석음을 드러내는 증거다. 오히려 이런 일은 부수적인 일과로써 짧게 행해져야 하며 우리의 관심은 오롯이 자신의 마음에, 자신이 무엇을 생각하고 있는지로 향해야 한다.

《엥케이리디온》 제41장

육체의 쾌락은 짧게,
마음에 오랜 관심을 쏟기를

오래도록 누리고 싶은 기쁨

먹고 마시고 성적 욕구를 충족하는 것은 인간의 가장 기본적인
욕구이자 쾌락의 원천이기도 합니다. 이 쾌락이야말로 행복한
삶의 실질이라고 생각하는 '쾌락주의hedonism, 헤도니즘'는 많은
문화권에 널리 퍼져 있는, 단순하면서도 강력한 사상입니다.

한편 이러한 쾌락주의의 사고방식을 '품위가 없다, 즐거움이
다가 아니다'라고 보는 반쾌락주의 사고방식도 여러 문화권에
깊이 뿌리내려져 있습니다. 가령 먹고 싶은 대로 무조건 먹다
가는 건강을 해친다거나, 오직 쾌락만을 추구하다 보면 종국에
는 큰 고통을 겪는다는 등 쾌락주의의 역설이 그렇습니다.

첫 잔에서 아무리 감미로운 미각을 선사하는 술이라도 여러
차례 마시다 보면 별 감흥이 없어지듯이, 즐거운 것이나 맛있
는 것도 그 효용에는 결국 한계가 있습니다. 그래서 점차 새로
운 것을 추구한 나머지 미식에의 욕구가 강해져 별미를 넘어
혐오식품을 찾기에 이르기도 하고, 더한 자극을 찾는 성적 욕

구가 심해져 도착적이고 변태적인 지경에 이르는 예는 동서양을 불문하고 찾아볼 수 있습니다.

고대 그리스·로마의 에피쿠로스학파쾌락주의는 후대에서 통용되는 '에피큐리언감각적 향락주의자, 식도락가'의 뜻과는 상반되게 '빵과 물만 있다면 신도 부럽지 않다'며 소박한 생활을 실천하고 세속적인 명성을 벗어나 조용히 사는 것을 이상으로 삼았습니다. 과도한 쾌락이 사라진 후 더 큰 고통이 따를 것임을 알고 경계한 것이지요.

가령 계절감을 잊을 정도로 냉방이 잘된 공간에서 무더운 야외로 나왔을 때의 불쾌감은 이루 말할 수 없습니다. 사치스러운 생활에 젖어 식성이 까다로워지면 웬만한 식사로는 만족할 수 없습니다. 에피쿠로스학파는 적극적으로 쾌락을 추구하기보다는 불필요한 고통을 떠안지 않도록 힘쓰는 것이 평생을 최대한 편안하게 사는 길이라 여겼습니다. 그들에게 쾌락은 오히려 '무고통의 상태'라 부를 만하며, 지극히 겸허하고 소박한 생활을 통해 이를 실현하고자 했습니다.

이와 비교해 스토아학파는 금욕주의를 대표하는 학파입니다. 단 에픽테토스가 일률적 기준으로 쾌락 전반을 부정적인 대상으로 규정하고 적대시한 것은 아니었습니다. 쾌락에 지나치게 많은 시간을 쏟지 말 것을 경고했을 뿐입니다.

음악을 듣거나 게임을 하는 등 인간이 행하는 다양한 활동에서 쾌락이 생겨납니다. 그리고 일단 생겨난 쾌락은 그 원천이

된 활동을 더욱 촉진하고 몰두하게 만듭니다. 좋아할수록 잘 한다는 말도 이런 원리에서 나온 말이라고 할 수 있습니다. 좋아하는 일에는 자연히 많은 시간을 할애하기 마련이고 그만큼 숙달하게 되는 것이지요. 그 일이 무엇이든, 좋아하는 일이나 즐거운 일을 하다 보면 어떤 식으로든 '중독'되어 도중에 멈추는 것이 어렵습니다.

육체적인 쾌락도 마찬가지입니다. 자신도 모르는 사이 과음이나 과식을 하게 됩니다. 여기서 흥미로운 사실은 에픽테토스가 몸을 단련하는 것도 쾌락의 하나로 거론하고 있다는 점입니다. 러너스하이runner's high, 한계를 극복하고 달리다 보면 느껴지는 쾌감처럼 약간의 고행을 동반하는 스포츠도 엔돌핀이 분비되어 쾌감을 느끼기 시작하면 무리하는 경우가 있습니다. 이것이 반복되면 약이 될 것 같은 건전한 활동도 오히려 해가 될 수 있는 거지요.

자신의 육체를 둘러싼 쾌락에 어떻게 대처하느냐가 행복한 생활을 이루는 데 중요한 열쇠가 됩니다. 에픽테토스는 육체적인 쾌락에 이끌리다 보면 우리의 합리적인 판단이 흐려질 수 있음을 지적하고, 이러한 쾌락은 틈날 때 짧게 마치고 그보다는 자기 마음의 움직임을 주시할 것을 권했습니다.

일상적으로 맞닥뜨리는 수많은 상황에서 우리는 자신의 판단이 옳은지, 자신이 무엇을 원하는지, 그 욕구는 타당한 것인지 정확히 짚어보기보다는 당장의 욕구에 몸을 맡기는 때가 많은 것이 현실입니다.

혼잡한 길을 걸으면서도 스마트폰에 정신이 팔린 사람은 영혼을 빼앗긴 사람처럼 보이기도 합니다. 아무리 편리한 기기가 보급되어도 그것을 적절하게 사용하는 사람은 일부에 지나지 않습니다. 가상현실 속 익명의 인간관계로 고민하느라 밤잠을 설치기도 하고 아무래도 상관없는 정보에 일상이 흔들리기도 합니다. 이처럼 현대인은 눈앞의 쾌락에 '오랫동안 시간을 소비하게 만드는' 도구를 획득함으로써 새로운 고민을 떠안게 되었습니다. 어쩌면 지금이야말로 에픽테토스의 말을 간절히 되새길 때가 아닌가 합니다.

무지하고 어리석은 자라
평가받을지라도 개의치 않는다

만일 그대가 진보하기를 원한다면 외적인 대상에 무지하다거나 어리석다고 평가받는 것을 개의치 마라. 무엇을 잘 아는 사람이라고 보여지길 바라지 마라. 설령 누군가가 그대를 대단한 자라고 생각한다고 해도, 그대는 자신을 믿지 마라.

왜냐하면 자신의 의지가 자연의 이치에 어긋나지 않도록 유지하면서 동시에 외적인 대상에 주의를 기울이기란 쉽지 않기 때문이다. 어느 한쪽으로 주의를 향하면 필연코 다른 쪽이 소홀해질 수밖에 없다.

《엥케이리디온》제13장

지적으로 보이고 싶은 욕망이
인간을 맹목적으로 만든다

밖으로 향하는 눈을 안으로 돌려야 할 때

《엥케이리디온》에는 '진보한다'는 표현이 수차례 나옵니다. 이는 에픽테토스의 학교가 지향하는 교육 목표이자, 지적·도덕적인 면에서 인격의 성숙을 의미합니다. 13장의 내용은 그의 철학 학교에서 배움을 갓 시작한 학생들에게 전하는 가르침이었을 것입니다.

그렇다 하더라도 그의 학교는 조금 이상합니다. 일반적으로는 학교에서는 무엇을 중점적으로 가르치든, 학생들은 그에 관한 여러 지식을 익히고 지성을 넓혀 갑니다. 그리고 '내가 제대로 배웠다'는 것을 주변에 입증합니다. 시험을 치르고 결과를 평가받고, 일정 수준을 습득했음이 인정되면 졸업 혹은 수료를 하게 되지요.

그러나 에픽테토스의 학교에서는 공부는 차치하고, 그 결과로 우수한 성적을 거둬 남들로부터 유식함을 인정받는 것을 애초에 부정하고 있습니다. 아마 성적 우수자를 표창하는 것은 당치도 않은 일이었을 것입니다. 더 정확히 말하면 타인으로부터 자신의 지적 능력을 인정받는 것뿐 아니라, 인정받고 싶다는 욕망조차 버려야 한다고 강조합니다. 자기 내면의 진정한 성장이 있다면 남의 눈에 어리석어 보이는 것은 아무런 문제도 되지 않습니다. '대현大賢은 지식을 과시하지 않기 때문에 얼핏 어리석은 대우大愚처럼 보인다.'라는 말이 있기도 하지요.

에픽테토스는 똑똑하게 보이고 싶다는 욕망이야말로 사람을 맹목적으로 만든다고 경고합니다. 현대 사회의 사람들은 다양한 정보에 민감하게 반응합니다. TV 드라마나 최신 영화를 섭렵하고 패션이나 맛집 동향을 파악하는 것도 소홀히 하지 않습니다. 하지만 이렇게 뭐든지 다 알려고 할수록 하나하나의 뉴스나 사건을 정확히 음미하기 어려워집니다. 또한 정보량이 많은 만큼 그 속에는 가짜 뉴스처럼 그럴 듯해 보이지만 사실이 아닌 정보도 많이 섞여 있습니다.

마음 바깥의 사건에 지나치게 몰두하면 아무래도 내면을 돌아보는 일에 소홀해지고 올바른 판단이 불가능해집니다. 일견 명백해 보이는 사물의 겉모습에 속지 않기 위해서는 눈앞의 것을 일단 의심하고 그것을 주의 깊게 음미한 후 판단하는 신중한 자세가 필요합니다. 인간으로서 진정한 진보는 지식을 늘리는 것이 아니라 자신을 성찰함으로써 실현됨을 에픽테토스는 일깨우고 있습니다.

역경에 맞서는 힘을
내 안에서 찾는 습관을 들인다

어떤 상황에 처할지라도 그대는 자신을 돌아볼 것을 기억하라. 역경에 대처할 수 있는 그대 안의 능력을 발견해내라. 미남미녀의 유혹 앞에 놓일 때 그대는 내면에서 자제심을 발견할 것이다. 큰 고난을 감당해야 하는 상황에 놓인다면 인내심을 발견할 것이다. 부당하고 모욕적인 말을 듣는다면 참을성을 발견할 것이다. 이처럼 역경에 맞서는 힘을 그대 안에서 찾는 습관을 들인다면 심상에 마음을 빼앗겨 그대가 사로잡히는 일은 없을 것이다.

《엥케이리디온》제10장

역경이야말로
사람을 성장하게 한다

맹수와 맞서 싸울 용기를 찾아서

에픽테토스의 말은 어렵고 고된 생활을 하거나 부당한 대우를 견디며 살아가는 등 괴롭고 불합리한 환경에 처한 이들에게 용기와 격려를 전하는 이야기가 많습니다. 그의 말이 오랜 시간 깊은 공감대를 형성하고 많은 이에게 애독되어 온 이유도 그 때문일 것입니다.

에픽테토스의 철학은 인생 전반을 말 그대로 노예로서 살아온 자신의 경험을 바탕에 두고 있기에 더욱 큰 설득력과 울림을 지닙니다. 노예가 노예의 상황에 있으면서도 어떻게 자유인 이상으로 진정한 의미의 자유를 얻을 수 있는지, 에픽테토스의 과제는 시종일관 여기에 집중해 있습니다.

법적으로 노예가 되는 일은 없을지라도, 현대를 사는 우리 역시 괴롭고 난감한 상황에 직면하는 일이 적지 않은데요. 노예였던 에픽테토스는 고난을 마주하는 경험이야말로 자기 안의 '인내심'이라는 장점을 발견할 수 있는 계기가 된다고 말합니다. 단 여기서 오해하지 말아야 할 것은, 불합리한 처우를 그저 참으라며 일방적인 인내를 종용하는 게 아니라는 점입니다. 그것은 단지 비굴한 인간이 되는 길일 뿐이니까요.

에픽테토스가 말하는 인내심이란, 일시적인 감정에 휘둘리지 않고 상황을 냉정하게 받아들이는 이성적인 힘으로 해석할 수 있습니다. 공부도 일도 무조건 순탄하게 흘러가는 법은 없지요. 불현듯 심각한 슬럼프에 빠지기도 하고, 잘 일구어 놓았다고 생각한 삶의 기반이 일순간 흔들리며 좌절하게 되는 일도 드물지 않게 일어납니다. 이때 괴로운 감정에만 사로잡혀 있으면 타개책은 보이지 않습니다. 고난을 현실로 받아들인 후 자신이 무엇을 할 수 있는지 냉철히 점검해야 합니다. 눈앞에 들이닥친 역경을 극복할 수 있는 힘을 내 안에서 찾아보는 시도를 해야 합니다.

물론 이러한 마음가짐의 전환이 하루아침에 이루어지는 것은 아닙니다. 그래서 에픽테토스는 습관의 중요성을 강조합니다. '자신이 처한 현실을 냉정하게 받아들인다'는 말은 간단하지만, 감정에 치우치기 쉬운 인간이 쉽게 실천할 수 있는 일은 아니지요. 이를 위해서는 평소 자기 감정을 마치 제삼자의 눈으로 관찰하는 듯한 습관을 들이는 것이 필요합니다. '지금 나는 조금 흥분해 있으니 침착하자. 그리고 내가 할 수 있는 것을 떠올려 보자.' 이런 자기 암시를 거듭하다 보면, 위기 상황에 처할지라도 슬기롭게 극복하는 힘을 찾을 수 있을 것입니다.

우리는 매일 죽음을
눈앞에 두는 것이 좋다

죽음, 추방, 그 밖에 무엇이든 '무섭다'고 생각되는 일을 매일 그대 눈앞에 두는 것이 좋다. 그 모든 것 중에서도 특히 죽음을 떠올리기를. 그럼으로써 그대는 결코 비참한 생각에 빠지지 않을 것이며, 도를 넘어 무언가를 지나치게 욕망하지도 않을 것이다.

《엥케이리디온》 제21장

죽음을 눈앞에 둠으로써
보이기 시작하는 것들

만약 지금 이 세상을 떠난다면…

로마 시대의 문인들은 책상 위에 해골을 놓아두었다고 하는데, 그 모습이 그려진 서양화도 적지 않습니다. 언젠가는 자신도 이렇게 된다는 사실, 즉 죽음을 자각할 수 있도록 매일 눈앞에 으스스한 장식품을 두고 바라본 것이지요. 우리에게도 잘 알려진 라틴어 격언 중에 '메멘토 모리Memento mori'라는 말도 있습니다. '죽음을 기억하라'는 뜻이지요.

일찍이 고대 문명이 시작된 이집트나 중국에서도 불로불사 不老不死는 왕후들의 이루지 못한 꿈이었습니다. 그리고 그것은 아직도 실현 불가능한 영역입니다. 과거와 비교해 현대 의학이 괄목할 만한 발전을 이룬 것은 사실이지만 죽음에 관해서는 조금 연기했을 뿐입니다.

언젠가 죽는다는 것, 그 자체는 피할 수 없습니다. 더구나 죽음이 언제 찾아올지도 자세히 알 수 없습니다. 인간인 이상, 누구에게나 공평하게 죽음은 '우리에게 달려 있는 것'이 아니기 때문입니다.

죽음을 극복하기 이전에 자신이 죽는 것을 경험할 수도 없습니다. 물론 태어나는 것 역시 경험의 대상은 아니지요. 그러고 보면 우리는 특정한 생년월일을 가지고 있지만 직접 경험했다기보다 어디까지나 타인부모나 병원 관계자에게 전해 들은 것입니다. 영화로 비유하자면 상영을 시작한 영화관에 늦게 입장해서 보기 시작하곤, 종료 직전에 나가는 셈입니다. 자신의 일생인데 그 시작과 끝이 어떤지 본인은 알 수 없습니다. 그래서 우리는 자식을 낳고 키움으로써 자신의 출생을 추측하고, 부모를 보살핌으로써 자신의 죽음을 앞당겨 떠올려 보기도 합니다. 가족이나 가까운 사람들을 통해 자신의 탄생과 죽음을 배워가는 것이지요.

자신의 죽음을 결코 경험할 수 없는 이상, 죽음은 언제까지나 '가능성'으로밖에 느낄 수 없습니다. 이에 에피쿠로스학파의 어느 철학자는 "죽음은 결코 두렵지 않다. 왜냐하면 우리가 살아있을 때 죽음은 아직 없으며, 죽었을 때는 이미 우리가 존재하지 않기 때문이다."라고 말하기도 했습니다.

자신의 죽음이 가능성일 수밖에 없다는 것은 죽음이 상상의 대상에 지나지 않음을 의미합니다. 그런 까닭에 자신의 죽음을 어떻게 받아들일지, 어떻게 생각할지에 따라서 죽음은 두려운 존재가 될 수도, 안식과 동경의 대상이 될 수도 있습니다. 자신의 죽음을 스스로 어찌할 도리는 없지만 적어도 어떻게 생각할지, 죽음에 대해 어떤 태도를 지닐는지는 스스로 선택할 수 있습니다.

나라는 존재도 언젠가는 반드시 죽어 사라진다고 생각하면 불필요한 욕구에 휘둘리지 않는다는 것이 이 장에서 드러나는 에픽테토스의 관점입니다. 죽음을 진지하게 자각하면 지위나 명예, 재산 등을 얻기 위해 인생 대부분을 허비하는 일이 얼마나 헛된 일인지 알 수 있다는 것이지요.

진정한 행복이란 무엇인가?

내가 인생에서 이루고 싶은 신념은 무엇인가?

죽음을 눈앞에 둠으로써 중요한 것이 보이기 시작합니다. 당연한 얘기 같지만, 과연 얼마나 많은 사람이 진정으로 이를 의식하고 있을까요?

죽음을 생각하는 태도가 금세 정리되는 것은 아닙니다. 인간의 사고 체계에는 생각하고 싶지 않은 것은 떠올리지 않으려는 심리적 방어기제가 무의식중에 작용하기 때문입니다. 그렇기에 더욱 죽음처럼 두려운 일을 일상적으로 생각하는 습관을 들일 것을 에픽테토스는 권하고 있습니다.

죽음을 가까이 생각하려고 한 결과 '이러나 저러나 어차피 죽을 건데'라며 자포자기한 마음을 먹고 찰나적인 향락과 무절제에 빠지는 사람이 나오지 않으리라는 법도 없습니다. 그러나 자신의 죽음을 강하게 의식함으로써 사명을 자각하고, 양심에 눈을 뜨고, 살아가는 의미를 되묻는 이들이 적지 않습니다. 어느 쪽이 행복한 삶이냐고 묻는다면 대개의 사람은 틀림없이 후자를 택할 것입니다.

우리는 인생이라는
무대에 선 연극배우다

기억하라. 그대는 연극배우다. 극작가가 원하는 대로 단편이면 짧게, 장편이면 길게 주어진 역을 연기하는 배우다. 만약 극작가가 그대에게 걸인 역할을 맡긴다면 그에 충실한 연기를 펼쳐야 한다. 다리가 불편한 사람, 군왕, 평범한 서민 역할이 주어질지라도 마찬가지다. 그대의 일은 맡은 역할을 잘 연기하는 것이며 역을 배정하는 것은 다른 사람의 일이다.

《엠케이리디온》 제17장

그대의 역량을 넘어서는 무언가 큰 역할을 그대가 맡으려 한다면, 그 역할로 망신을 당할 뿐 아니라 스스로 잘할 수 있었던 역까지 소홀히 하게 될 것이다.

《엠케이리디온》 제37장

정해진 무대 속에서
바꿀 수 있는 것은 무엇인가

고마워요, 에픽테토스

그리스·로마의 고전 연극은 원형극장의 무대 위로 12~15명 정도의 가무단이 등장해 두 패로 나뉜 다음, 번갈아 노래를 부르고 춤을 추는 형식으로 전개되었습니다. 그리고 굽이 높은 신발과 가면을 착용한 배우 세 사람이 무대 가운데로 나와 관객을 향한 채 대사를 주고받습니다. 합창이 들어가기 때문에 지금으로 보면 연극이라기보다는 오페라나 뮤지컬에 가깝다고 할 수 있겠습니다. 연극배우는 동시에 세 명까지만 등장하는 것이 원칙이었으므로 등장인물이 많은 극일 때는 배우 한 사람이 장면마다 가면을 바꿔 쓰고 등장해 복수의 인물을 연기하는 게 일반적이었다고 합니다.

우리 삶도 어찌 보면 이와 비슷합니다. 우리 역시 장소와 상황에 따라 여러 가지 역할을 연기하고 있는지도 모르겠습니다. 회사나 학교에 가면, 그 조직 안에서 주어진 역할에 따른 일을 해냅니다. 집에 돌아오면 부모로서 배우자로서 혹은 자식으로서 마땅히 기대되는 행동을 합니다. 휴일에는 취미를 공유하는 동호회 사람들과 어울리며 평소와는 다른 모습을 보이기도 하지요.

복장도 자리에 따라 바뀝니다. 교복을 입거나 양복에 넥타이를 하거나 캐주얼한 옷차림을 하기도 합니다. 의식적이든 아니든 복장을 달리함으로써 자신의 역할을 주위에 알리고 있습니다. 마치 무대의상처럼요.

에픽테토스는 그 자신을 포함한 우리 모두를 '연극배우'에 비유했습니다. 하지만 모두가 주역을 맡을 수는 없습니다. 에픽테토스는 자신에게 주어진 역할이 설령 단역이나 악역일지라도 기꺼이 받아들이고, 감독이나 연출가의 창작 의도를 이해해 그때그때의 상황과 역에 맞게 훌륭히 연기해내는 것이 중요하다고 말합니다.

남을 밀어내고 스스로 주역을 자청하는 것이나 주어진 역할에 불만을 갖는 것은 바람직하지 않습니다. 현재 처한 상황을 잘 이해하고 자신이 맡은 역할은 무엇인지, 무엇을 해야 하는지를 이성적으로 간파하는 것이 필요합니다. 다리가 불편했던 에픽테토스는 자신의 지체 부자유조차 연기해야 하는 역할로 이해했지요. 그것은 소극적인 태도라 말할 수도 있지만 놀랄 만큼 긍정적인 태도로도 해석할 수 있습니다.

'이런저런 사람이 되고 싶다'고 마음 먹는다고 다 될 수 있는 것은 아닙니다. 출생 환경, 유전적 요인 등을 비롯한 부모로부터의 영향, 성장 환경이나 문화 등 다양한 조건이 어우러져서 현재의 자신이 있습니다.

극의 배경과 흐름을 무시하고 제멋대로 연기하는 배우가 있다면, 그 경솔하고 오만한 행동에 비난이 쏟아질 것입니다. 마찬가지로 자신을 둘러싼 상황을 제대로 살피지 않고 무시한 채 허황된 삶을 쫓으려 하면, 필연적으로 이치를 벗어나는 상황이 벌어지고 판단에 왜곡이 생길 수밖에 없습니다.

물론 배우라고 해서 일거수일투족 모든 움직임이 대본으로 정해져 있지는 않습니다. 특히 마음의 움직임만큼은 그 무엇에도 얽매어 있지 않습니다. '인생은 연극 무대'라는 제약 속에서 자신의 손으로 바꿀 수 있는 것은 무엇인지, 또한 그 반대로 받아들여야 하는 것은 무엇인지 그 경계를 잘 파악하는 것이 진정한 의미에서 자신답게 사는 것이 아닐까요.

Epilogue

에피 씨는 내가 해방된 후에 역할이 바뀐 것 같다.

오늘부로 망보기는 끝이다.

실은 그것도 에피 씨가 주인님에게 한 말이 계기가 되었다던가.

잠시

괜찮으십니까?

주인님은 늘 노예가 농땡이 치지 않을까 노심초사하십니다.

그런 주인님은

노예들에게 사로잡힌 노예가 되어 있는 것은 아닐는지요?

뭐, 뭣이라? 그러나··· 일리 있네···

그리하여 에피 씨가 맡은 새로운 역할은 주인님의 상담원이다.

나 집정관이 될 수 있을까?

그것은 신이 정할 일입니다.

이 또한 얼마나 에피 씨다운지...

푸훗···

에피 씨의 말을
들을 때마다
나는 당황했다.

그게 무슨
말씀이시죠?

다시
생각하게 만들어서

뭐···
그렇다고도
할 수 있지요···

잘못을
알아차리고

그런
것이었군요···!

그리고
크게 후회했다.

지금까지
계속해서
고민했던 것은
내 탓이었나~~

지금도 때로 내 마음에는 폭풍우가 찾아온다.

하지만 결코 무너지지는 않는다.

멈추지 않고 휩쓸리지 않고

올바른 방향으로 나아갈 수 있다.

fin.

산업 구조의 고도화, 저출산 고령화의 심화, 통신 기술의 발전, 세계화의 파도 속에서 우리 삶의 환경은 급변하고 있습니다. 시시각각 변화하는 사회 분위기 속에서 '어떻게 살아야 하는가?'라는 문제는 더 절실해지고 있지요.

에픽테토스가 남긴 말에는 우리에게 주어진 삶의 과제를 풀어가는 데 도움이 되는 조언과 통찰력이 넘쳐납니다. 단순히 상식의 연장선에 있는 평범한 인생론이 아니라, 허를 찌르는 역설로 이루어지는 그의 말은 유연한 사고방식을 기르고 발상을 전환할 수 있는 단서로 가득합니다. 물론 약 이천 년 전의 글이기에 문체나 예시가 현대인이 이해하기 힘든 점도 있습니다.

그런 부분을 보완해 에픽테토스의 사상, 즉 스토아철학에 대한 독자의 이해를 돕고 접근성을 높이고자 기획한 것이 바로 이 책의 시작이었습니다. 처음 접하면 자칫 의문이나 반발심을 느낄 수도 있는 에픽테토스의 말을 우리 생활 속에서 천천히 곱씹어보고 잘 소화할 수 있도록 길잡이 역할을 하고 싶었습니다.

자신만의 관점에만 사로잡히지 말고 여러 방향에서 대상을 바라본 뒤 가장 잘 보이는 각도를 찾아보는 것. 평소에 닥치는 대로 뻗어 나가던 욕구를 정말 소중한 것만으로 한정하고 그 밖의 불필요한 욕구를 버리는 것. 피할 수 없는 인간관계를 타협이나 추종과는 다른 진정으로 원활한 방식으로 맺어가는 것……. 이러한 주제에 관해 스토아철학을 단도직입으로 제시하기보다는 에픽테토스가 언급한 사례를 쉽고 흥미롭게 공감할 수 있도록 만화 형식으로 먼저 소개한 후, 원문 번역과 해설을 실음으로써 생각을 심화시키는 접근 방식을 시도해 보았습니다.

먼저 필자인 제가 《엥케이리디온》의 일부를 엄선해 번역하고 해석을 정리했습니다. 그러나 아무래도 난해해질 수 있는 내용이 많아 작가 사이토 데쓰야 씨가 일반 독자가 이해하기 쉽도록 친숙한 예를 곁들여 설명을 보완해 주었습니다. 여기에 더해 만화가 가오리&유카리 씨가 각 주제와 관련한 짧은 에피소드를 친근하고 귀여운 만화로 표현해 재미와 몰입도를 높였습니다. 스토아철학의 인생론을 소개하는 책은 여러 권 출판되었지만, 에픽테토스 《엥케이리디온》의 내용을 그대로 명시함과 동시에 관련 사례를 만화로 간명하게 구성한 것은 무척 신선한 시도가 아닐까 생각합니다.

《엥케이리디온》 원문은 현재 입수할 수 있는 문헌 중 가장 우수하다 여겨지는 교정본인 〈G. J. Boter, ed., Epictetus Encheirdion, Berlin, 2007〉을 바탕으로 모두 새로 번역했습니다. 최신의 문헌학적인 성과를 수용해서 정확하고 읽기 쉬운 번역을 목표로 진행했습니다. 종래의 번역에 비하면 내용은 물론 문장 나누기에도 약간의 차이가 있는데 이 역시 같은 이유에서입니다. 책의 마지막에 《엥케이리디온》 원전 번역문을 순서대로 정리해 다시 한 번 실었으니, 이를 단독으로 읽으면서 기존 해설이나 만화와는 별개로 자기 나름의 해석을 펼쳐보는 것도 좋겠습니다.

　잘 사는 것뿐 아니라 진정으로 소중한 것을 깊게, 그리고 즐겁게 마음에 담아보는 데 조금이나마 도움이 된다면 진정 기쁠 것입니다. 끝으로 책의 기획부터 마무리에 이르기까지 자료 선정 및 구성을 수없이 고민하고 연구자와 작가, 만화가라는 집필진을 잘 아울러 준 다이아몬드사 편집부에 고마운 마음을 전합니다.

《엥케이리디온》 원전 번역문

※ 주요 항목만 발췌, 본문에 게재하지 않은 항목도 있습니다.

《엥케이리디온》 1   본문 35쪽

세상에는 '우리에게 달려 있는 것'과 '우리에게 달려 있지 않은 것' 두 가지가 있다. 판단, 의욕, 욕망, 혐오처럼 무릇 우리(마음)의 움직임에 의한 것은 우리에게 달려 있는 것에 속하지만, 육체나 재산, 타인으로부터의 평판, 지위 등 우리의 움직임에 의하지 않은 것은 우리에게 달려 있는 것이 아니다. 우리에게 달려 있는 것은 원래 자유롭고 방해받지 않으며, 타인에게 간섭받지 않는다. 하지만 우리에게 달려 있지 않은 것은 취약하고 예속적이며 방해받고, 자신의 것이 아니다.

그러므로 다음을 잘 기억하기 바란다. 만일 그대가 원래는 예속적인 것을 자기 마음대로 되는 것이라고 생각하고, 그대의 것이 아닌 것을 자기 것이라고 착각한다면 그대는 방해받고, 슬픔에 빠지고, 불안에 휩싸이고, 신들이나 주위 사람들을 비난하게 될 것이다. 그러나 그와 반대로 그대 자신의 것만을 자기 것으로 여기고, 그대의 것이 아닌 것은 사실대로 자기 것이 아님을 올바르게 생각한다면 그대를 강제하는 자는 아무도 없을 것이다. 훼방 놓으려고 하는 자도 없을 것이다. 그렇기에 그대는 결코 누구도 비난하거나 책망하지 않을 것이다. 마지못해 의지를 거스르는 일을 하지도 않고 적을 만들지도 않을 것이다. 누구도 그대에게 해를 입히지 않고 해를 입는 일도 없을 것이기 때문이다.

이렇게 중요한 일에 힘쓴다면 다음을 잘 기억해야 한다. 평소의 애매모호한 생활 태도를 바꾸어 어떤 것은 완전히 포기하고 어떤 것은 당장 연기해야 한다. 중요한 것을 얻고자 하면서 관직이나 부를 동시에 얻으려고 든다면 두 가지를 좇다가 모두 놓치는 꼴이 된다. 자유나 행복을 가져오는 것은 결코 얻을 수 없을 것이다.

그러므로 무엇이든 마음을 흔드는 심상과 마주치면 바로 다음과 같이 말할 수 있도록 연습하자. "너는 심상이다. 그 겉모습과 실제는 전혀 다를 것이다."라고 말이다. 다음으로 그대가 정한 기준을 들어, 이 심상이 과연 우리에게 달린 것과 그렇지 않은 것 중 어느 쪽에 관련 있는지를 음미하고 검토해야 한다. 만일 그것이 우리에게 달려 있지 않은 것과 관련이 있다면 그대에게 있어서는 아무것도 아니라는 답을 얻을 수 있을 것이다.

《엥케이리디온》 2 본문 41쪽

기억하라. 그대가 '욕망'에 담는 것은 원하는 것을 얻을 수 있으리라는 소망이며, '혐오'에 담는 것은 꺼리고 피하고자 하는 것을 맞닥뜨리지 않기를 바라는 마음이다. 그러므로 욕망하는데도 갖지 못하는 사람은 불우해지고, 혐오하는데도 맞닥뜨리는 사람은 불행해진다.

만일 그대에게 달려 있는 것 중에서 '자연에 반하는 것'만 피하고자 한다면, 그대가 피하려는 그 어떤 것과도 마주치지 않을 것이다. 그러나 병이나 죽음, 가난을 피하고자 한다면 그대는 불행해질 것이다.

그러한즉 우리에게 달려 있지 않은 것은 혐오의 대상에서 모두 제외하고, 우리에게 달린 것 중에서 '자연(섭리)에 반하는 것'으로 혐오의 대상을 바꾸라. 그러나 당분간 욕망을 완전히 버리는 것이 좋다. 왜냐하면 그대가 우리에게 달려 있지 않은 무언가를 원한다면 반드시 불행해질 수밖에 없고, 우리에게 달려 있는 것 중에서 욕망의 대상이 되는 것은 아직 그대의 것이 아니기 때문이다.

《엥케이리디온》 3 본문 105쪽

마음을 끌어당기는 것, 유용함을 주는 것, 애착이 가는 것이 있다면 그들이

'본래 어떤 성질의 것인가?'를 항시 의식할 것을 기억하라.

지극히 사소한 것부터 시작해보자. 유난히 아끼는 물항아리가 있다면 "나는 흙으로 빚은 물병을 좋아한다."라고 말해 보라. 그러면 설령 그 물항아리가 깨질지라도 그리 심란하지 않을 것이다. 사랑하는 자식 혹은 아내와 입맞춤을 할 때 '나는 한 명의 (유한한) 인간에게 입을 맞추고 있다.'라고 되뇌어 보라. 그러면 설령 그들이 인간으로서 명을 다해 이 세상을 떠날지라도 그대의 정신은 무너지지 않을 것이다.

《엥케이리디온》 5a   본문 85쪽

사람들을 불안하게 하는 것은 일(pragma) 자체가 아니라, 그 일에 관한 믿음(dogma)이다. 이를테면 죽음이라는 사건은 결코 두려운 것이 아니다. 그렇지 않다면 예의 저 소크라테스 역시 죽음을 두렵다 여겼을 것이다. 오히려 '죽음은 두렵다.'라고 죽음에 관해 우리가 가지는 믿음, 그것만이 두려움의 정체다.

그러므로 우리가 방해를 받거나, 불안해지거나, 슬픔을 느낄 때 결코 타인을 책망해서는 안 된다. 오히려 우리 자신을, 즉 우리의 믿음(생각)을 탓할 일이다.

《엥케이리디온》 5b   본문 169쪽

자신이 불행한 원인을 두고 다른 이를 비난하고 원망하는 것은 교육받지 못한 사람의 행동이다. 자기 자신을 비난하는 것은 이제 교육받기 시작한 사람의 행동이다. 다른 사람도 자신도 비난하지 않는 것은 교육받은 사람의 행동이다.

《엥케이리디온》 6   본문 183쪽

어떤 것이든 그대 자신이 아닌 다른 대상의 장점을 내세워 잘난 척하지 마라.

만일 한 마리의 말(馬)이 자랑스러운 얼굴로 "나는 아름답다."라고 말하는 것은 참을 만하다. 그러나 그대가 우쭐한 어조로 "나는 아름다운 말을 가지고 있다."라고 말한다면, 그대는 말의 장점으로 거만을 떨고 있을 뿐임을 자각해야 한다.

그렇다면 '그대 자신의 것'은 과연 무엇인가? 그것은 바로 '심상을 사용하는 것'이다. 그대가 심상을 사용하는 것이 자연(본성)에 부합한다면, 그때는 마음껏 의기양양해도 좋다. 그것이야말로 그대가 지닌 진정한 장점을 자랑스러워하는 것이므로.

《엥케이리디온》 8 본문 61쪽

세상 일이 그대가 바라는 대로 이뤄지길 바라지 마라. 오히려 일이 일어나는 대로 일어나기를 바라라. 그러면 그대는 평화롭고 행복한 삶을 살 수 있을 것이다.

《엥케이리디온》 9 본문 75쪽

병은 육체를 방해할지언정 의지를 방해하지는 못한다. 우리의 의지가 그렇게 되기를 원하지 않는 한 그러하다. 지체 부자유는 몸의 활동을 막지만, 의지의 움직임을 막지는 못한다.

그대가 어떤 일에 맞닥뜨리든 이 말을 그대 자신에게 들려주어라. 어떤 시련이 다른 무언가를 방해할 수는 있어도 그대의 의지를 방해하지는 못한다는 사실을 깨달을 것이다.

《엥케이리디온》 10 본문 205쪽

어떤 상황에 처할지라도 그대는 자신을 돌아볼 것을 기억하라. 역경에 대처할 수 있는 그대 안의 능력을 발견해내라.

미남미녀의 유혹 앞에 놓일 때 그대는 내면에서 자제심을 발견할 것이다. 큰 고난을 감당해야 하는 상황에 놓인다면 인내심을 발견할 것이다. 부당하고 모욕적인 말을 듣는다면 참을성을 발견할 것이다. 이처럼 역경에 맞서는 힘을 그대 안에서 찾는 습관을 들인다면, 심상에 마음을 빼앗겨 그대가 사로잡히는 일은 없을 것이다.

《엥케이리디온》 11 본문 111쪽

그 무엇에 대해서도 결코 "나는 그것을 잃었다."라고 말하지 마라. 차라리 "그것을 되돌려주었다."라고 말하라.

그대의 자식이 죽었는가? 그것은 되돌려준 것이다. 그대의 아내가 죽었는가? 되돌려준 것이다. 땅을 빼앗겼나? 그렇지 않다. 그 또한 되돌려준 것이다. 물론 빼앗은 자는 악인이다. 그러나 애초 그것을 세상에 준 사람(신)이 누구를 통해 그대에게 반환을 요구하든, 그대와는 무관한 일이다.

그대 곁에 있는 대상을 그저 소중히 여기되 어디까지나 언젠가 되돌려주어야 하는 존재임을 기억하라. 마치 여행자가 여관의 어느 방에 머물다 떠나야 하듯이.

《엥케이리디온》 12 –

만일 그대가 도덕적으로 진보하기를 바란다면 '내 것(재산)을 소홀히 하면 재산을 탕진할 것이다.'라든지 '노예를 제대로 벌하지 않으면 버릇이 나빠질 것이다.'라는 등의 쓸데없는 걱정은 버려야 한다. 왜냐하면 풍족함 속에서 근심하고 괴로워하며 살아가느니, 고통이나 공포가 없는 상태에서 굶어 죽는 것이 낫기 때문이다. 노예가 버릇이 나빠지는 편이 그대 자신이 불행한 것보다 낫기 때문이다.

그러므로 사소한 것에서부터 시작하라. 올리브 기름이 조금 엎질러졌다, 술을 조금 도둑맞았다. 그럴 때는 '흔들리지 않는 마음은 이 정도의 값을 치러야 한다. 평정심은 이 정도의 대가를 치러야 한다. 어떤 일에도 공짜는 없다.'

라고 자신을 타이르듯이 되뇌라. 그대가 아무리 노예를 불러도 그 아이가 대답하지 않을 수 있으며, 설사 부름을 듣는다 해도 그대가 바라는 것을 무엇하나 제대로 하지 못할 수도 있음을 기억하라. 본디 그 아이는 그대를 괴롭히지 않을 만큼 뛰어난 자가 아니다.

《엥케이리디온》 13 본문 199쪽

만일 그대가 진보하기를 원한다면 외적인 대상에 무지하다거나 어리석다고 평가받는 것을 개의치 마라. 무엇을 잘 아는 사람이라고 보여지길 바라지 마라. 설령 누군가가 그대를 대단한 자라고 생각한다고 해도, 그대는 자신을 믿지 마라.

왜냐하면 자신의 의지가 자연의 이치에 어긋나지 않도록 유지하면서 동시에 외적인 대상에 주의를 기울이기란 쉽지 않기 때문이다. 어느 한쪽으로 주의를 향하면 필연코 다른 쪽이 소홀해질 수밖에 없다.

《엥케이리디온》 14 본문 49쪽

만일 그대가 그대의 자식이나 아내, 친구들이 언제까지나 살아있기를 바란다면, 그것은 어리석은 일이다. 왜냐하면 '그대에게 달려 있지 않은 일'을 그대가 통제하기를 바라고 '남의 것'이 그대의 것이 되기를 바라는 것이기 때문이다.

마찬가지로 자신의 노예가 실수하지 않기를 바라는 자 역시 어리석다. 왜냐하면 그것은 '잘못된 것'을 잘못된 것이 아닌 것, 다른 무엇이 되기를 바라는 것이기 때문이다.

다만 그대 자신이 이루고자 하는 것이 실패하지 않기를 바란다면 그것은 가능하다. 그러므로 그대가 할 수 있는 일, 바로 그 일에 전념하라.

《엥케이리디온》 15 본문 69쪽

그대는 마치 연회에 참석한 듯이 인생을 살아가야 함을 기억하라.

어떤 요리가 빙 돌아 그대 곁으로 왔다. 예의를 지키며 손을 뻗어 먹을 만큼의 몫만 가져오라. 지나가 버렸는가. 멈춰 세우지 마라. 아직 오지 않았는가. 멀리 있는 것을 탐하지 마라. 그대 곁으로 올 때까지 기다려라.

그대의 자식이나 그대의 아내에 대해서도, 지위나 재산에 대해서도 마찬가지로 행동하라. 그렇게 하면 그대는 언젠가 신들과의 향연에 동석할 자격을 얻은 사람이 될 것이다. 그런데 그대 앞에 놓인 것조차 취하지 않고 내려놓는다면, 그때 그대는 신들과 동석하는 자일 뿐 아니라 신들과 함께 지배하는 자가 될 것이다.

《엥케이리디온》 16

자식이 집을 떠났다거나, 재산을 잃어버렸다며 슬픔에 빠져 울고 있는 사람을 그대가 본다면 '외부적인 것 때문에 저 사람은 불행하다'는 심상에 사로잡히지 않도록 주의하라. 오히려 즉시 다음과 같은 생각을 하도록 하자. '저 사람을 괴롭히는 것은 일어난 사건 자체가 아니다(왜냐하면 다른 사람은 괴롭지 않으므로). 오히려 그 사건에 대한 저 자의 믿음이 스스로를 괴롭히고 있는 것이다.'

다만 이치에서 벗어나지 않는 이상, 그 사람에게 다가가는 것을 주저하지는 마라. 상황에 따라서는 함께 비통해해도 좋다. 단지 그대의 마음 깊은 곳에서부터 비탄하지는 않도록 주의하라.

《엥케이리디온》 17

본문 219쪽

기억하라. 그대는 연극배우다. 극작가가 원하는 대로 단편이면 짧게, 장편이면 길게 주어진 역을 연기하는 배우다. 만약 극작가가 그대에게 걸인 역할을 맡긴다면 그에 충실한 연기를 펼쳐야 한다. 다리가 불편한 사람, 군왕, 평범한 서민 역할이 주어질지라도 마찬가지다. 그대의 일은 맡은 역할을 잘 연기하는 것이며 역을 배정하는 것은 다른 사람의 일이다.

까마귀가 불길하게 운다고, 마음속 편견이 그대의 이성을 앗아가지 않도록 하라. 오히려 마음속으로 분별해내어 다음과 같이 말해 보라.

"이 모든 것은 어느 것 하나 나에 대해 '나쁜 일'이 일어날 것이라고 예고하는 것이 아니다. 기껏해야 내 빈약한 신체나, 내 재산이나, 나에 대한 평가나, 나의 자식 혹은 아내에 대해 예고하는 것에 지나지 않는다. 그러나 내가 원하기만 한다면, 그 모든 것을 나에 대한 길조로 바꿀 수 있다. 어떤 일이 생기든 거기에서 어떤 이익을 얻을지는 나에게 달려 있기 때문이다."

유명한 사람, 권력 있는 사람 혹은 높은 평판을 지닌 사람을 바라볼 때 '저 사람은 행복하겠구나.'라고 믿으며 그러한 심상에 마음을 사로잡히지 않도록 주의하라. 왜냐하면 그 좋음의 실체가 '우리에게 달려 있는 것'에 속한다면 선망이나 질투가 생겨날 여지가 없기 때문이다. 그대는 장군이나 의원, 총독이 되고 싶다고 바랄 것이 아니라, 차라리 자유인이기를 바라야 한다. 그리고 자유에 이르는 유일한 길은 '우리에게 달려 있지 않은 것'에 신경을 쏟지 않는 것이다.

그대를 모욕하는 것은 그대를 지저분하게 헐뜯는 자나 주먹을 휘두르는 자가 아니라, 그자들에게 모욕당했다고 여기는 그대의 생각임을 깨달아라. 누군가가 그대를 화나게 만든다고 느낄 때, 그대의 마음속 생각이 그대를 노엽게 만든다는 사실을 기억해야 한다.

그러한즉 무엇보다 심상에 마음을 빼앗기지 않도록 노력하라. 잠시라도 좋으니 스스로 생각하는 시간과 여유를 먼저 가진다면, 그대 자신을 이기는 것은 쉬운 일이 될 테니.

《엥케이리디온》 21

본문 211쪽

죽음, 추방, 그 밖에 무엇이든 '무섭다'고 생각되는 일을 매일 그대 눈앞에 두는 것이 좋다. 그 모든 것 중에서도 특히 죽음을 떠올리기를. 그럼으로써 그대는 결코 비참한 생각에 빠지지 않을 것이며, 도를 넘어 무언가를 지나치게 욕망하지도 않을 것이다.

《엥케이리디온》 23

본문 139쪽

누군가의 마음에 들려는 생각으로 외부적인 것에 눈을 돌려버린다면, 그대가 세운 삶의 계획을 스스로 망가뜨릴 수 있음을 깨달아야 한다.

그러므로 모든 것에 대하여 그대가 철학자라는 사실에 만족하라. 혹여 철학자의 모습으로 보이는 것까지 바라는가? 그렇다면 다른 누구도 아닌 그대 자신에게 그렇게 보이도록 힘쓰라. 그것으로 충분하다.

《엥케이리디온》 25

본문 153쪽

초대받은 연회의 자리나 인사를 하러 간 자리에서, 혹은 조언을 얻으러 간 자리에서 누군가가 그대보다 우대를 받았다고 하자. 만일 그것이 좋은 것이라면 그 누군가가 그것을 얻었다는 사실을 그대는 기뻐해야 한다. 반대로 그것이 나쁜 것이라면, 그대가 그것을 얻지 못했다고 해서 화를 낼 필요는 없다. 우리에게 달려 있지 않은 것을 손에 넣고자 할 때, 남들과 같은 노력을 쏟지 않으면서 같은 것을 요구할 수는 없음을 기억하라.

누군가의 집으로 문안 인사를 하러 가지 않는 사람이 매일 문안 인사를 다니는 사람과 어떻게 같은 대접을 받을 수 있겠는가? 외출에 동행하지 않는 자가 동행하는 자와 어찌 마찬가지의 대접을 받을 수 있겠으며, 칭송하지 않는 자가 칭송하는 자와 어떻게 같은 대접을 받을 수 있겠는가? 같은 대가를 치르지 않고 무상으로 그것을 얻기를 바란다면 그대는 부정하고 탐욕스러운 자일 것이다.

헌데 양상추는 얼마의 값으로 팔리고 있는가? 아마 1오볼로스(고대 그리스·로마의 동전 화폐 단위-역주) 정도일 것이다. 그렇다면 예를 들어 누군가가 1오볼로스 지불하고 양상추를 얻었고, 그대는 아무것도 지불하지 않아 양상추를 얻을 수 없었다고 하자. 이때 양상추를 얻은 사람보다 그대가 덜 가졌다고 생각해서는 안 된다. 왜냐하면 그 사람이 양상추를 손에 넣은 것처럼, 그대는 지불하지 않은 1오볼로스를 가지고 있기 때문이다.

이런 일을 삶에도 적용할 수 있다. 누군가의 연회에 초대받지 못했는가? 그것은 그대가 연회의 주인에게 만찬만큼의 값을 치르지 않았기 때문이다. 연회의 주인은 자신을 향한 칭찬, 관심 혹은 친절과 맞바꾸어 식사를 내놓은 것이다. 만찬에 참석하길 원한다면 그대도 응당한 대가를 치러야 한다. 그럴 의지가 없음에도 대접받길 원한다면 그대는 탐욕스럽고 어리석은 자다.

그런데 만찬에 초대받지 못한 그대는 아무것도 얻은 것(가진 것)이 없다고 말하는가? 그렇지 않다. 그대는 칭송하고 싶지 않은 상대를 추켜세우는 일이나, 그의 집 문지기들의 무례를 참아내는 수고를 하지 않아도 되지 않았는가?

《엥케이리디온》 26　　　　　　　　　　　　　　　　본문 99쪽

우리는 서로의 처지나 입장이 다르지 않음을 아는 것에서 자연의 의지를 배울 수 있다. 예컨대 옆집의 노예 소년이 실수로 잔을 깼다면, 우리 대부분은 "흔히 일어날 수 있는 일이지."라고 주저 없이 말할 것이다. 그러니 그대의 잔이 깨졌을 때도 같은 태도를 보여야 함을 깨달아라.

이 원칙을 더 중대한 일에 적용해보자. 누군가의 자식 혹은 아내가 죽었을 때, "인간인 이상 어찌할 수 없는 일이지."라고 위로하지 않는 사람은 없을 것이다. 그러나 어느 누구든 자신의 가족이 죽으면 "아아, 어떻게 이런 일이! 너무나 비참하도다." 하고 울부짖는다. 그러나 생각하라. 우리가 다른 이들로부터도 그런 말을 듣게 되면 과연 어떤 심정이 들 것인지를.

무엇이 적합한 행위인가는 서로의 관계로 측정된다. 여기 한 아버지가 있다. 아버지를 부양하고 모든 면에서 양보하고, 훈계를 듣거나 벌 받음을 참아내는 것이 자식된 자에게 부여된 적합한 행위다. "하지만 그는 나쁜 아버지다." 라고 말하는가. 그럼 그대는 본디 '좋은 아버지'가 아닌 그저 '아버지'인 사람과 부자로 맺어진 것이다.

"형제가 나에게 부정을 저질렀다."고 말하는가. 그럴지라도 형제에 대한 그대의 역할을 확고히 지켜라. 형제가 무엇을 했는가에 주목하지 마라. 그보다 그대가 어떻게 행동해야 자연을 따르는 자신의 의지에 부합하는가를 주목하라.

그대가 원하지 않는 한 다른 사람은 그대를 상처입힐 수 없다. 그러나 그대가 '상처받았다'라고 생각하는 그 순간 그대는 비로서 상처입을 것이다.

이런 방식으로 사회적 관계를 차분히 바라보는 데 익숙해진다면 이웃과 동료, 높은 지위의 사람을 대함에 있어 적합한 행위가 무엇인지 발견할 것이다.

그대가 예언을 듣는다고 할 때 다음을 기억하기 바란다. 미래에 무슨 일이 일어날지 그대는 알지 못하며, 그것을 알고 싶기에 예언가를 만나러 온 것이다. 하지만 만일 그대가 진정 철학자라면 그 일이 어떤 성질의 것인지는 이미 잘 알고 왔을 것이다. 즉 미래의 사건이 무엇이든, 우리에게 달려 있는 것이 아닌 이상 선도 악도 아니라는 지극히 당연한 사실 말이다.

그러므로 예언가에게 욕망하는 것이나 혐오하는 것을 가져가서는 안 된다. 그렇지 않으면 그대는 걱정과 조바심에 떨면서 예언가를 만나게 될 것이다. 차라리 향후 일어날 일은 그게 무엇이든 선도 악도 아니며, 그대에게 아무것도 아니라고 생각하라. 실제로 그대는 그러한 일을 훌륭하게 처리할 수 있으며, 누구도 그것을 막지 않는다는 사실을 먼저 이해하기 바란다.

그런 다음, 그대를 위해 조언하는 자들을 만나러 가듯이 두려워하지 말고 신들에게 가라. 그리하여 어떤 신탁을 듣는다면 그대가 지금 조언자로서 누구를 선택했는지와, 그 신탁을 듣지 않는다면 그것이 누구의 말을 거스르는 것인지를 기억해야 한다.

《엥케이리디온》 33 (1, 12~13절) 본문 125쪽

그대가 혼자 있을 때든 다른 사람과 함께 있을 때든 그대 자신이 어떤 사람이고 싶은지, 어떤 태도와 입장을 지키고 싶은지를 미리 정해두는 것이 좋다.

(중략)

누군가를 만날 때, 특히 명성 높은 사람을 만날 때에는 '소크라테스나 제논이라면 이럴 때 어떻게 했을까?'라고 먼저 스스로 질문해 보라. 그럼으로써 그대는 적합한 방법으로 난관을 극복하고, 곤란에 빠지지도 않을 것이다.

어느 대단한 권력가를 만나러 가야 한다면 다음과 같은 상황을 미리 떠올려 보자. 그 권력가가 집에 없어서 만날 수 없거나, 문 밖으로 쫓겨나는 박대를 당하거나, 아예 대문조차 열리지 않거나… 그야말로 상대편이 그대를 안중에도 두지 않는 불쾌한 상황이다.

그럼에도 여전히 그 자를 만나야만 한다면, 가서 일어나는 일을 감당하라. 견뎌라. 그리고 혼잣말이라도 그대 자신에게 "이렇게까지 고생할 필요가 있는가."라고 절대 말하지 마라. 그것은 지극히 평범한 자, 외부적인 것에 휘둘리며 분개하고 마는 자의 말투이므로.

《엥케이리디온》 34 본문 34쪽

어떤 쾌락에 관한 심상이 떠오른다면, 여느 때와 마찬가지로 그 심상에 마음을 빼앗기지 않도록 그대 자신을 감시해야 한다. 그 '즐거움'을 잠시 유예하고, 자신에게 생각할 시간을 주어라.

그다음 두 개의 시간을 떠올려 보자. 하나는 그 쾌락을 누리는 시간. 또 하나는 쾌락이 끝난 후 그것을 후회하고 자기 자신을 탓하는 시간이다. 이 두 개의 시간을 비교함으로써 알게 될 것이다. 쾌락을 멀리했을 때 그대가 얼마나 큰 기쁨을 누리고 자신을 자랑스러워하게 될지를.

설령 지금이 그 즐거움을 취할 절호의 기회처럼 여겨진다 해도, 눈앞의 달콤한 유혹이 그대를 무너뜨릴 수 있음을 기억하고 경계하라. 쾌락에 넘어가지 않고 완전히 이겨냈을 때의 자각이야말로 얼마나 멋진 것인지를 상기하라.

《엥케이리디온》 35   본문 55쪽

무언가를 마땅히 해야 한다고 결심했다면, 그것을 행함에 있어 다른 이에게 보여지는 것을 결코 피하려고 해서는 안 된다. 설령 많은 사람(대중)이 그대의 확신과는 다른 판단을 할지라도 말이다.

그대가 옳은 행동을 하는 것이 아니라면 처음부터 그 행동 자체를 피하라. 그러나 실로 올바르게 여긴다면 '옳지 않다.'라고 떠들어대는 자들을 무엇 때문에 두려워하는가?

《엥케이리디온》 37   본문 219쪽

그대의 역량을 넘어서는 무언가 큰 역할을 그대가 맡으려 한다면, 그 역할로 망신을 당할 뿐 아니라 스스로 잘할 수 있었던 역까지 소홀히 하게 될 것이다.

《엥케이리디온》 41   본문 191쪽

예를 들어 과도하게 몸을 단련하거나, 많이 먹거나, 많이 마시거나, 많이 배설하거나, 성적 쾌락에 몰두하는 등 육체와 관련된 활동에 많은 시간을 쏟는 것은 어리석음을 드러내는 증거다. 오히려 이런 일은 부수적인 일과로써 짧게 행해져야 하며 우리의 관심은 오롯이 자신의 마음에, 자신이 무엇을 생각하고 있는지로 향해야 한다.

모든 일에는 두 개의 '손잡이'가 존재하는데 이중 한쪽은 문제를 옮길 수 있는 손잡이지만, 다른 한쪽은 옮길 수 없는 손잡이다.

만일 그대의 형제가 부정을 저지른다면, '부정을 저지른 사람'라는 측면(손잡이)에서 그를 붙잡지 마라(그것으로는 문제가 움직이지 않으므로). 차라리 '그는 형제', '함께 자란 사이'라는 다른 측면에서 붙잡도록(파악하도록) 시도하라. 그러면 그대는 그 문제를 옮길 수 있는 손잡이를 잡게 될 것이다.

누군가가 목욕을 빨리 끝내는 것을 보고 "저 사람은 목욕하는 방식이 잘못됐다."라고 말하지 마라. 그저 "목욕을 빨리한다."라고 말하라. 어떤 이가 술을 많이 마시는 것을 보고 "저 사람은 술 마시는 버릇이 나쁘다."라고 말하지 마라. 그저 "술을 많이 마신다."라고 말하라.

당사자의 생각(의지)을 제대로 식별하지 못하면서 어찌 나쁘다, 잘못되었다 판단하는가? 이를 명심하고 신중을 기한다면 일면의 사실로 파악한 심상만으로 그와는 별개의 항목(가치)을 단정하는 이상한 태도를 취하지는 않을 것이다.

진보하는 사람의 징표. 그는 누구도 탓하지 않는다. 누구도 과찬하지 않고 누구도 비난하지 않는다. 누구도 책망하지 않으며 자신이 뛰어난 사람인 양, 뭔가를 잘 아는 양 내세우는 법이 없다. 다른 이에게 방해받거나 훼방 당할 때는 (상대가 아니라) 자기 자신을 책망한다.

설령 누군가가 자신을 치켜세워도 마음속으로는 그것을 자조한다. 비난받아도 변명하려 들지 않는다. 마치 이 사람은 완치 전 회복 단계의 신체 하나하나를 움직이는 데 조심스러운 환자처럼 신중히 행동한다.

모든 욕망을 자신으로부터 멀리 둔다. 혐오의 대상은 우리에게 달려 있는 것 중에서 자연에 반하는 것만으로 한정한다. 어떤 것에 대해서도 "반드시 이러이러해야 해."라는 말에 속박되지 않는다. 어리석고 무지하게 보이는 것을 개의치 않는다. 요컨대 마치 은밀히 숨어서 기다리고 있는 적인 양, 자기 자신에 대한 경계를 늦추지 않는다.

에픽테토스의 인생수업

1판 3쇄 ┃ 2023년 10월 31일
지 은 이 ┃ 오기노 히로유키 · 가오리&유카리
옮 긴 이 ┃ 황 혜 숙
발 행 인 ┃ 김 인 태
발 행 처 ┃ 삼호미디어
등   록 ┃ 1993년 10월 12일 제21-494호
주   소 ┃ 서울특별시 서초구 강남대로 545-21 거림빌딩 4층
         www.samhomedia.com
전   화 ┃ (02)544-9456(영업부) / (02)544-9457(편집기획부)
팩   스 ┃ (02)512-3593

ISBN 978-89-7849-626-1 (03100)

Copyright 2020 by SAMHO MEDIA PUBLISHING CO.